Veronique Rüssau ✿ Theresa Mayer
@everyseamittakes @makesa.schnittdesign

SEW!

NÄHEN IM COTTAGE-STYLE

CV

Inhalt

Vorwort

Dieses Buch vereint genau die Schnittmuster, die ich immer nähen wollte – die es aber nicht gab. Cottage – das ist für mich ein ganz besonderer Stil. Zeitlos. Feminin. Geerdet.

Das Thema „Cottage" schwirrte in meinem Kopf herum, seit ich eine Kolumne zu diesem Trend für ein Magazin geschrieben hatte. Ich folge so vielen Accounts auf Instagram, die dieses Thema leben, vereinzelt gibt es auch mal Schnitte von internationalen Schnittdesignern, die ich dann natürlich direkt gekauft habe. Aber es war nie genau das, was ich wirklich haben wollte. Und auf dem deutschen Markt schon mal gar nicht.

Manchmal fügt sich, was sich fügen soll. Ich bin wahnsinnig froh, dass meine Idee beim Christophorus Verlag sofort auf Gegenliebe stieß. Als ich dann meine erste Wahl als Schnittdirectrice, Theresa, fragte, ob sie dieses Projekt mit mir zusammen realisieren möchte – und sie sofort „Ja!" sagte, da war es perfekt. Wir hauten uns unsere Ideen um die Ohren und unsere Freude wurde immer größer, denn wir verstanden unter dem Thema direkt das Gleiche. Die Schnitte wuchsen vor unseren geistigen Augen und als unser Moodboard fertig war, wusste ich: Das wird etwas, worauf wir stolz sein werden.

In diesem Buch steckt sehr viel Arbeit und noch viel mehr Herzblut.

Es ermöglicht euch, eine Cottage-Capsule-Wardrobe zu nähen, denn alle Schnitte sind perfekt aufeinander abgestimmt und untereinander kombinierbar. Dabei sind sie für jede Jahreszeit geeignet.

Wir selbst nähen und tragen die Schnitte rauf und runter und fühlen uns so wohl darin. Wir hoffen, dass es euch auch so gehen wird und ich bin jetzt schon gespannt auf eure Werke. Es war bereits ein berauschendes Gefühl, die Kleidung an unseren wunderbaren Probenäherinnen zu sehen und ihr liebevolles Feedback zu hören. Wir freuen uns darüber, wenn ihr eure Cottage-Style-Nähwerke mit uns auf Instagram teilt. Nutzt dazu gern dieses Hashtag:

#sewcottagestyle

Eure Veronique

Über die Autorinnen

VERONIQUE RÜSSAU, geboren 1986 in Hamburg, ist freie Journalistin und arbeitete als Redakteurin für große deutsche Zeitungen. Sie ist Mutter von drei Kindern, verheiratet und lebt mit ihrer Familie im Speckgürtel von Berlin.

Das Nähen begann für sie als Hobby, das sie sich erst als Erwachsene Schnittmuster für Schnittmuster selbst beibrachte. Aus dem Hobby wurde schnell eine Passion, die aus dem täglichen Leben kaum noch wegzudenken ist. Unter dem Namen „Every Seam It Takes" bloggt sie sehr erfolgreich über das Nähen, Schnittmuster und Stoffe und schreibt auch journalistische Texte zu diesem Thema.

Instagram: @everyseamittakes

Veronique trägt das Schürzenkleid Ava mit dem Latzteil von Willow und die Bluse Rose.

EVERY SEAM IT TAKES

THERESA MAYER, geboren 1985 in Oberösterreich, ist Maßschneiderin, Schnittdirektrice und arbeitet als Modepädagogin an einer Höheren Lehranstalt für Mode in Wien. Sie ist Mutter von zwei Kindern, verheiratet und lebt mit ihrer Familie in Österreich.

Mit 18 Jahren begann sie eine professionelle Ausbildung zur Bekleidungstechnikerin, daraufhin folgte die Meisterprüfung als Damenkleidermacherin, Berufsjahre in der Bekleidungsbranche und ein Studium zur Modepädagogin. 2017 gründete sie ihr eigenes Schnittmusterlabel und fertigt Schnittentwicklungen nach Auftrag für Unternehmerinnen. Unter dem Label MAKESA Schnittdesign bietet sie feminine, moderne und zugleich zeitlose Schnittmuster für Frauen an.

Instagram: @makesa.schnittdesign

Theresa trägt das Kleid Ophelia mit der Weste Hazel.

Über dieses Buch

In diesem Buch sind zehn Grundschnitte enthalten: Ivy, Rose, Eleanor, Olivia, Victoria, Hazel, Ophelia, Ava, Willow und Florence. Aus diesen zehn Schnitten können aber viel mehr werden, denn die Schnitte sind so konzipiert, dass einzelne Elemente untereinander austauschbar sind.

Rose und Ivy haben das gleiche Oberteil, nur, dass bei Ivy die Knopfleiste und die Abnäher genäht werden. Bei Rose bleiben diese Abnäher offen, das macht den Schnitt weiter. Die Ärmel sind austauschbar und Ivy kann problemlos mit Roses Puffärmeln genäht werden. Oder Ivys Kragen an Rose. Oder was wäre mit dem Stufenrock von Rose an Ivy? Das alles und noch viel mehr ist möglich. Anregungen dazu sind immer als mögliche Hacks bei den Anleitungstexten zu finden.

Außerdem bringen Ivy, Rose und Ophelia nicht nur eine Kleidversion mit, sondern sind auch als Blusen zu nähen.

Manche Schnittteile können für mehrere Schnitte verwendet werden, wie zum Beispiel die Rockstufen, die für Rose und Ophelia verwendet werden. Das spart Papier.

Alternativ zu den im Buch gezeigten Schnittmusterbögen, kommst du mit diesem QR-Code auch zu den einzelnen Schnitten, die du herunterladen und ausdrucken oder plotten lassen kannst. Das Passwort ist der Modellname auf Seite 51. Die Schnitte findest du auch hier: https://verlagshaus24.de/sew-naehen-im-cottage-style

Cottage-Style

Stelle dir einen englischen Garten vor. Die Nachmittagssonne steht bereits tief und taucht die blühenden Stauden und Gräser in warmes Licht. Die Holztür des kleinen, alten Hauses, an deren Seiten sich Rosen hochranken, steht offen. Du trittst mit einem Weidenkorb, den du über dem linken Arm trägst, heraus. Was hast du an? DAS ist Cottage-Style.

Vielleicht trägst du ein sandfarbenes Leinenkleid mit einer weißen Bluse darunter. Dazu ein passendes Tuch in den Haaren. Oder einen weiten, fast bodenlangen Rock in Salbeigrün, dazu eine Weste aus Baumwollstepper, in der Mitte gebunden mit feinen Schleifen. Cottage-Style ist naturverbunden, etwas romantisch und sehr, sehr englisch.

Die Farbwelt orientiert sich an der Natur – Sand, Salbei, Rosenholz. Dazu gesellen sich manchmal knalligere Akzente, wie leuchtende Blüten auf einer Wiese: pink, gelb, kornblumenblau.

Die Stoffe sind aus natürlichen Materialien: Baumwolle, Leinen, Hanf oder Wolle. Sie haben etwas Stand, dürfen knittern. Leinen knittert edel, heißt es – und es stimmt. Cottage-Style ist etwas edel, aber nicht vornehm und schick, sondern bodenständig, feminin und schön. Vielleicht ist es sogar etwas aus der Zeit gefallen und gerade dadurch immer hochaktuell.

Kleidung im Cottage-Style, das ist Landhausstil zum Anziehen.

Materialkunde

Was ist eigentlich Webware?

In diesem Buch arbeiten wir ausschließlich mit Webware. Beim Weben werden Kett- und Schussfäden miteinander verkreuzt. Dadurch entsteht ein unelastischer Stoff, der aus vielen unterschiedlichen Materialien bestehen kann.

Webware unterscheidet sich dann, abgesehen vom verwendeten Material, nur noch durch die Art der Bindung. Diese hat Einfluss darauf, wie die Oberfläche aussieht. Die häufigste Bindung ist wohl die Leinwandbindung. Sie ist sehr gleichmäßig, denn Kettfaden und Schussfaden wechseln sich ständig ab. Beispiele für die Leinwandbindung sind Canvas und Quilting Cotton. Oft begegnet einem aber auch die Köperbindung, bei der kleine, diagonal verlaufende Rippen auf dem Stoff zu sehen sind. Das bekannteste Beispiel ist dafür wohl der Jeansstoff. Die diagonale Struktur entsteht dadurch, dass der Schussfaden immer über zwei Kettfäden geführt wird, ehe er wieder abtaucht. Genau dieses Prinzip macht auch den Unterschied bei der dritten Bindeart, der Atlasbindung. Hier liegt der Schussfaden gleich über einer ganzen Menge Kettfäden, taucht kurz ab und kommt wieder hoch. Dadurch sind die Partien mit Schussfäden sehr lang, bis sie vom Kettfaden unterbrochen werden, und das sorgt für eine glänzende Oberfläche, beispielsweise bei Satin.

Beispiele für gewebte Stoffarten: Batist, Voile, Popeline, Denim, Chambray, Gabardine, Musselin, Twill, Canvas.

Webware kann Anpassungen nötig machen

Die Tatsache, dass Webware im Gegensatz zu Wirkware, die gestrickt und dadurch elastisch ist, nicht nachgibt, ist wichtig für die Schnittmuster. Der Schnitt muss sitzen. Deshalb ist es unerlässlich, sich gut auszumessen und die Maßtabelle (Seite 33) genau zu beachten.

Jeder Körper ist einzigartig und oft lassen sich die Maße nicht in eine Tabelle pressen. Es kann nötig sein, zwischen den Größen zu gradieren, wenn die Maße in zwei verschiedene Größen fallen. Das ist aber ganz einfach! Dazu wird an der betreffenden Stelle eine weitere Linie zwischen den beiden bestehenden Größenlinien gezeichnet, die beide sanft zueinander führt.

Sollte die Brust deutlich größer sein als die restlichen Tabellenwerte, kann es sein, dass ein Full Bust Adjustment (FBA) Sinn macht. Dieses Thema ist leider zu umfangreich, um es hier ausgiebig genug zu erklären, aber es gibt tolle Tutorials im Netz, die sich über den Suchbegriff schnell finden lassen.

Unsere Körper unterscheiden sich natürlich auch in ihrer Höhe. Die Schnitte in diesem Buch gehen von der Durchschnittsgröße von 168 Zentimetern aus, wie fast alle Schnittmuster auf dem deutschen Markt. Wenn man aber größer oder kleiner ist, sollte der Schnitt auch an die Körpergroße angepasst werden. Bei Röcken und Rockteilen ist das einfach, denn die können tatsächlich einfach unten gekürzt werden.

Alle anderen Schnittteile, wie Ärmel oder Oberteile, sollten jedoch nicht einfach unten abgeschnitten oder verlängert werden.

Faustregel: Kürze und verlängere immer kurz über der Stelle, wo der Körper einen Knick macht: über der Taille, über den Ellenbogen, über den Knien.

Dazu werden die Schnittteile an der Stelle durchgeschnitten und zum Vergrößern auseinandergeschoben, zum Kürzen übereinander geschoben. Sollten dadurch Kanten am Rand entstehen, werden diese behutsam wieder angeglichen.

Ausgangsmaterial

Stoffe aus unterschiedlichem Material haben unterschiedliche Eigenschaften, positive wie negative. Damit die Stoffwahl gut getroffen werden kann, gibt es hier eine Übersicht mit verschiedenen Fasern, die sich gut für die Schnitte dieses Buches eignen. Es finden sich dabei nur natürliche Materialien bzw. synthetische Stoffe, die aus natürlichem Material hergestellt werden. Wir wollen bewusst auf Polyester verzichten, da es zum einen nicht zum Cottage-Prinzip passt, wir aber auch beim Nähen den Nachhaltigkeitsgedanken nicht außer Acht lassen möchten.

Baumwolle: Baumwolle ist wahrscheinlich die Faser, die uns in unserem Alltag am häufigsten begegnet und aus der die meisten unserer Kleidungsstücke sind. Baumwollgarne werden aus der Samenfaser der Baumwollpflanze gewonnen. Dazu werden die feinen Samenhaare verarbeitet. Stoffe aus Baumwolle haben viele gute Eigenschaften, die diese Faser zum idealen Ausgangsmaterial für Kleidung machen: Baumwollstoffe sind atmungsaktiv und saugfähig, weich, strapazierfähig und pflegeleicht. Nachteil: Die Baumwollherstellung ist sehr wasserintensiv, außerdem werden oft Pestizide und Düngemittel eingesetzt.

Leinen: „Leinen knittert edel", sagt der Volksmund – und so ist es auch. Leinenstoffe knittern schnell, aber der dadurch entstehende Look ist auch Teil des besonderen Charmes. Die Faser wird aus den Stängeln der Flachspflanze gewonnen. Es ist eine starke, reißfeste und langlebige Faser, weshalb Leinenkleidung perfekt für beanspruchte Kleidungsstücke ist. Leinenkleidung ist oft etwas starr, doch je länger und öfter sie getragen wird, desto weicher wird sie. Leinen ist der perfekte Stoff für den Sommer, denn die Faser hat einen kühlenden Effekt. Sie ist atmungsaktiv, nimmt Feuchtigkeit auf und leitet sie von der Haut weg. Wichtiger Pluspunkt in Sachen Nachhaltigkeit gegenüber Baumwolle: Die Flachspflanze braucht nicht viel Wasser und Pestizide.

Hanf: Hanfstoffe werden aus den Stängeln der Hanfpflanze hergestellt. Sie sind Leinen sehr ähnlich in ihren Eigenschaften: robust, reißfest, widerstandsfähig und langlebig. Der größte Pluspunkt ist die Umweltfreundlichkeit. Die Hanfpflanze wächst schnell, braucht wenig Wasser und keine Pestizide. Die Stoffe sind atmungsaktiv und absorbieren Feuchtigkeit. Außerdem haben sie auch noch antimikrobielle Eigenschaften, was dazu führt, dass Gerüche nicht so leicht entstehen können. Hanfstoffe sind weich und geschmeidig und haben manchmal einen leichten Glanz. Wie Leinen ist auch Hanf etwas knitteranfällig.

Ramie: Ramie ist eine der ältesten Textilfasern der Welt und trotzdem bei uns viel zu unbekannt. Die als „China-Gras" bezeichnete Pflanze *Boehmeria nivea* aus Ostasien ist hier der Lieferant der Faser, die aus den Stängeln gewonnen wird und Leinen ähnlich ist. Fun Fact: Die Pflanze ist gar kein Gras, sondern ein Brennnesselgewächs und sieht auch so aus. Die Stoffe sind oft leicht glänzend und seidig, dabei aber langlebig und reißfest. Sie nehmen Feuchtigkeit gut auf und trocknen sehr schnell wieder. Ramiestoffe sind resistent gegen Schimmelbildung und Insektenbefall. Die Faser hat eine geringe Umweltbelastung.

Wolle: Wolle ist als tierische Faser deutlich von den pflanzlichen Fasern zu unterscheiden. Sie hat viele positive Eigenschaften: Wolle ist temperaturausgleichend, sie kann Körperwärme speichern und überschüssige Wärme abgeben. Ebenso verhält es sich auch mit Feuchtigkeit. Gerüche entstehen kaum, da Wolle natürliche antimikrobielle Eigenschaften hat. Dennoch entstandene Gerüche lassen sich durch Auslüften entfernen. Wolle ist selbstreinigend und muss selten gewaschen werden: Abklopfen und auslüften reicht oft aus. Wird Wolle doch gewaschen, kann es sie schädigen – bei falscher Handhabung kann sich das Kleidungsstück verformen oder sogar schrumpfen. Wichtigster Aspekt: Wolle stammt von Tieren und daher ist das Tierwohl zu beachten. Wolle sollte möglichst aus kontrolliert biologischer Tierhaltung (kbT) stammen und bei Merinowolle mulesingfrei sein.

Viskose: Viskose ist eine Kunstfaser, die aber aus Cellulose hergestellt wird, das heißt aus Holz. Früher wurde Viskose als „Kunstseide" bezeichnet, was bereits viel über den Stoff verrät. Viskose ist seidig, sowohl von der Haptik, vom Glanz und auch vom sehr weichen Fall her. Dieser Stoff ist perfekt für flatternde Sommerkleider oder zarte Blusen. Nachteil: Viskose knittert sehr leicht, lässt sich dafür aber auch sehr gut bügeln. Die Herstellung dieser Faser benötigt viele Chemikalien und viel Wasser. Werden diese nicht in einem Kreislauf gehalten (was zum Glück mittlerweile von bestimmten Herstellern getan wird), kann es zu hoher Umweltbelastung kommen. Ebenso ist die Frage zu stellen, woher das Holz für die Cellulosegewinnung stammt: Hierbei sind Hölzer aus nachhaltiger Forstwirtschaft oder recycelte Pflanzenfasern natürlich nachhaltiger.

Lyocell: Lyocell ist ebenfalls eine Kunstfaser, die aus Cellulose hergestellt wird. Allerdings ist das Verfahren ein anderes als bei Viskose. Lyocell ist nachhaltiger, da weniger Chemie und Wasser eingesetzt werden müssen – es kann sogar in einem geschlossenen Kreislauf gehalten werden. Lyocell ist glatt, weich, atmungsaktiv und hat einen tollen, weichen Fall. Im Vergleich zu Viskose knittert es deutlich weniger.

Stoffarten

Für die Schnitte dieses Buches werden Webstoffe benötigt, aber auch hier ist die Bandbreite groß. Je nachdem, welche Art Webware ausgewählt wird, kann das Ergebnis sehr unterschiedlich ausfallen. Daher sollte vorher genau überlegt werden, welcher Stoff für das Projekt in Frage kommt. Natürlich gibt es noch viele Stoffarten mehr, doch diese hier kommen für unsere Schnitte wahrscheinlich am ehesten in Frage:

Popeline: Bei Popeline handelt es sich um fein gewebte Baumwollwebware, die besonders gut für Blusen, Hemden, Röcke und Kleider geeignet ist. Sie hat einen guten Stand und ist dank ihrer dichten Oberfläche meist blickdicht. Popeline ist ein glatter Stoff, angenehm zu tragen, formstabil und strapazierfähig.

Voile: Voile ist deutlich zarter als Popeline und daher transparent, also nicht blickdicht. Dennoch hat diese Feinheit des Gewebes einen besonderen Charme, der ideal zu Sommerkleidung passt. Bei Voile sollte trotzdem vorher überlegt werden, ob es eine zweite Lage unter dem transparenten Stoff gibt, oder ob es gewünscht ist, dass er durchscheinend ist. Voile ist im Sommer sehr angenehm zu tragen. Der Stoff verfügt über einen leichten Stand.

Broderie Anglaise: Als Broderie Anglaise (englische Stickerei) wird ein Stoff bezeichnet, bei dem feine Stickereien auf einem Baumwollstoff aufgebracht wurden. Dieser Trägerstoff ist oft ein Voile, also etwas durchsichtig. Bei der Broderie Anglaise werden Löcher in den Stoff gestanzt und diese dann mit Garn umstickt. Es entstehen meist florale Muster, wie z. B. Blumenranken. Traditionell ist der Stoff weiß, aber es gibt immer häufiger auch farbige Varianten. Vorsicht ist geboten, wenn der Stoff gefärbt werden soll, denn das Stickgarn ist häufig aus Polyester und nimmt daher keine Farbe an.

Musselin und Double Gauze: Musselin hat seinen Ruf als Babyspucktuch längst abgelegt. Der Stoff ist aus dünnen Garnen locker gewebt. Nach der ersten Waschung bekommt Musselin seine charakteristische Knittertextur. Der Stoff ist sehr weich, leicht und saugfähig, was ihn zum perfekten Stoff für den Sommer macht. Double Gauze ist Musselin ähnlich, aber es besteht oft aus zwei locker gewebten Stoffschichten, die punktuell miteinander verbunden sind. Seltener gibt es den Stoff auch mit drei Stoffschichten, was ihn auch für kältere Jahreszeiten tragbar macht.

Twill und Gabardine: Charakteristisch für Twill sind seine diagonalen Linien, die sich als Struktur über den Stoff ziehen. Diese Twillstruktur entsteht durch die Webart. Bekanntestes Beispiel für Twill ist der Jeansstoff Denim. Dabei kann Twill aus sämtlichen Fasern und mit unterschiedlicher Grammatur hergestellt werden und ist daher als feiner Viskosetwill für Kleider genauso möglich wie als schwerer Hosenstoff. Ein ähnlicher Stoff ist Gabardine: Twill und Gabardine haben beide diagonale Strukturen – der Unterschied besteht darin, wie diese erzeugt werden. Während bei Twill bei der Webung Kettfäden ausgelassen werden, um die diagonalen Rippen zu erzeugen, werden bei Gabardine die Schussfäden schräg durch die

Kettfäden gezogen. Dadurch ist Gabardine etwas glatter in der Textur und weniger stark strukturiert.

Crêpe: Crêpe-Stoff ist ein feiner Stoff mit einer matten Oberfläche. Diese charakteristische Oberflächenstruktur wird entweder durch gedrehte Kreppgarne oder die Webart verursacht. Meist findet man diese Stoffart aus Seide oder Viskose. Die sonst eher glatte, rutschige Viskose ist dann leicht körnig und griffig, was sie auch leichter zu vernähen macht. Besonders Röcke und Kleider werden gern aus diesem Stoff genäht.

Zubehör

Zum Nähen braucht es mehr als Stoff. Nicht ohne Grund wünscht sich fast jede Hobbynäherin ein ganzes Nähzimmer für all die Dinge, die zum Nähen benötigt werden. Dabei gibt es Zubehör, das unbedingt gebraucht wird und solches, das einfach das Leben etwas leichter macht. Hier erfahrt ihr, welches Zubehör es unbedingt braucht, um die Schnitte dieses Buches nähen zu können.

Stoffschere: Für den Zuschnitt des Stoffes wird eine scharfe Stoffschere benötigt. Eine normale Papierschere ist in der Regel nicht geeignet, um Stoff zu schneiden. Um die Stoffschere scharf zu halten, sollte mit ihr wiederum kein Papier oder anderes Material außer Stoff geschnitten werden.

Nadeln: Da in diesem Buch ausschließlich Schnitte für Webware enthalten sind, werden nur zwei Typen von Nähmaschinennadeln gebraucht. Für feine oder sehr dichte Stoffe eignet sich die Microtex-Nadel besonders gut. Sie hat eine sehr schlanke und spitze Spitze, womit sie problemlos durch den Stoff sticht. In den meisten Fällen reicht aber eine Universalnadel aus. Je nach Stärke des Stoffes sollte auch die Stärke der Nadel ausgesucht werden. Feine Stoffe sollten mit einer Nadelstärke 70 und normale Grammaturen mit einer 80er-Nadel vernäht werden. Es ist wichtig, dass die Nadel regelmäßig ausgetauscht wird, denn sie nutzt sich ab oder kann im Laufe der Zeit beschädigt werden. Dann besteht die Gefahr, dass sie den Stoff verletzt. Tipp: Um zu testen, ob die Nadel beschädigt ist, kann sie mit leichtem Druck über den Fingernagel gezogen werden. Hinterlässt sie einen Kratzer auf dem Nagel, sollte sie nicht mehr benutzt werden.

Klammern oder Stecknadeln: Um die Schnittteile aneinanderzustecken, werden Nadeln und Klammern benötigt. Klammern haben den Vorteil, dass sie den Stoff nicht verletzen, allerdings kommen sie nicht an jede Stelle, die fixiert werden muss. Daher sind auch Stecknadeln nötig. Je nachdem, wie die Nadel beschaffen ist, kann sie Löcher im Stoff hinterlassen. Daher gibt es für feine Stoffe extra dünne Stecknadeln.

Garne: Für Kleidung sind hochwertige Polyestergarne am besten geeignet, da die Nähte immer wieder strapaziert werden. Baumwollgarn eignet sich nur für solche Stellen, auf die kein Zug ausgeübt wird. Es sollte darauf geachtet werden, dass das Garn farblich zum Stoff passt – es sei denn, es soll als Kontrast eingesetzt werden.

Knöpfe: Mehrere Schnitte in diesem Buch benötigen Knöpfe. Es gibt Knöpfe aus vielen verschiedenen Materialien, zum Beispiel Holz, Corozo, Horn, Plastik oder Metall. Zu den Schnitten dieses Buches passen Knöpfe aus natürlichen Materialien am besten. Bei der Auswahl der Knöpfe sollte die Größe beachtet werden, damit diese zum Schnitt passt. Außerdem besteht die Wahl zwischen Knöpfen, die mit der Nähmaschine angenäht werden können und solchen, die mit der Hand angebracht werden müssen.

Bügeleinlage: Bügeleinlage wird in manchen Bereichen aufgebracht, um diesen Stabilität zu verleihen. Besonders im Bereich von Knopfleisten ist eine Einlage wichtig, damit die Knöpfe und Knopflöcher nicht ausreißen. Aber auch bei Manschetten und Kragen ist eine leichte Bügeleinlage sinnvoll, damit sie formstabil bleiben.

Nähmaschine

Es gibt sehr viele verschiedene Haushaltsnähmaschinen auf dem Markt von unterschiedlichen Herstellern. Jede dieser Maschinen funktioniert anders und hat mal mehr und mal weniger Fähigkeiten, je nach Preisklasse. Deshalb kann es sein, dass etwas, das hier nun erwähnt wird, nicht bei der eigenen Nähmaschine verstellbar ist oder bestimmtes Zubehör zugekauft werden muss.

Stiche: Die Schnitte dieses Buches werden alle aus Webware genäht und damit wird zum Zusammennähen nur ein einziger Stich benötigt: Der Geradstich – und den hat wirklich jede Maschine. Beim normalen Zusammennähen beträgt die Stichlänge des Geradstichs 2,5 – wird aber ein Raffungsfaden aufgenäht, wird dieser Geradstich auf 5 hochgestellt. Sollte keine Overlock zum Versäubern zur Verfügung stehen, geht dies auch mit der Haushaltsnähmaschine. Manche Maschinen haben dazu extra Versäuberungsstiche. Falls davon keiner vorhanden sein sollte, wird mit dem Zickzackstich versäubert.

Nähfüße: Manchmal ist es hilfreich, einen speziellen Nähfuß zu verwenden. So gibt es einen extra Nähfuß zum Einnähen von nahtverdeckten Reißverschlüssen, der in diesem Buch bei Rock Olivia benutzt wird. Es ist aber auch möglich, einen nahtverdeckten Reißverschluss mit dem normalen Reißverschlussfuß einzunähen. Dieser sollte jeder Maschine beiliegen. Es muss dann nur darauf geachtet werden, nah an der Raupe entlangzunähen. Auch für die Knopflochautomatik wird ein spezieller Fuß benötigt, der im Lieferumfang der Maschine enthalten sein sollte. Zum Annähen der Knöpfe allerdings gibt es einen speziellen Fuß, der dazugekauft werden muss. Es ist allerdings nicht zwingend nötig, diesen Fuß zu benutzen. Bei den meisten Maschinen funktioniert es auch, die Knöpfe anzunähen, wenn kein Fuß befestigt ist.

TIPPS: Am besten startet jedes neue Nähprojekt mit einer zuvor gereinigten Maschine. Dazu gehört auch, die Stichplatte abzunehmen und die Fussel zu entfernen, die sich dort vom letzten Projekt angesammelt haben. Zusätzlich sollte die Nadel kontrolliert werden. Ist sie unbeschädigt (siehe Kapitel Zubehör)? Ist es die richtige Nadelart und -stärke für das neue Projekt? Wenn dies passiert ist, kann das passende Garn eingefädelt werden und auf einem Reststück des Stoffes eine Probenaht gemacht werden. Beachte hier: Stimmt etwas mit dem Aussehen des Oberfadens nicht, liegt das Problem meistens im Spulenbereich. Stimmt etwas mit dem Aussehen des Unterfadens nicht, liegt es wahrscheinlich am Oberfaden.

Nähtechniken

Schrägband herstellen

Schrägband selbst herzustellen hat den Vorteil, dass derselbe Stoff verwendet werden kann, aus dem auch das Nähprojekt besteht. Es passt also perfekt zusammen und ist auch nicht schwierig. Nötig sind nur ein Lineal, ein Rollschneider und ein Bügeleisen.

Das Lineal wird in einem 45°-Winkel zur Webkante gelegt und eine erste Bahn mit dem Rollschneider geschnitten. Der Stoff wird also schräg zugeschnitten, daher der Name „Schrägband". Warum ist das so? Im schrägen Fadenlauf wird die eigentlich unelastische Webware elastisch. Das ist beim Einfassen besonders bei Bereichen, die etwas eingehalten werden sollen, praktisch.

Für den zweiten Schnitt wird das Lineal circa 4 cm (je nachdem wie breit das fertige Band sein soll) parallel zum ersten Schnitt gelegt. Besonders praktisch: Es gibt spezielle Lineale, die bereits den 45°-Winkel sowie die parallelen Linien aufgedruckt haben.

Dies mehrfach wiederholen, bis genügend Streifen entstanden sind.

Zwei dieser Streifen werden an den kurzen Kanten im rechten Winkel übereinandergelegt und diagonal zusammengenäht. Die Nahtzugabe zurückschneiden und auseinanderbügeln. Dies wird so oft wiederholt, bis die gewünschte Länge des Schrägbands erreicht ist.

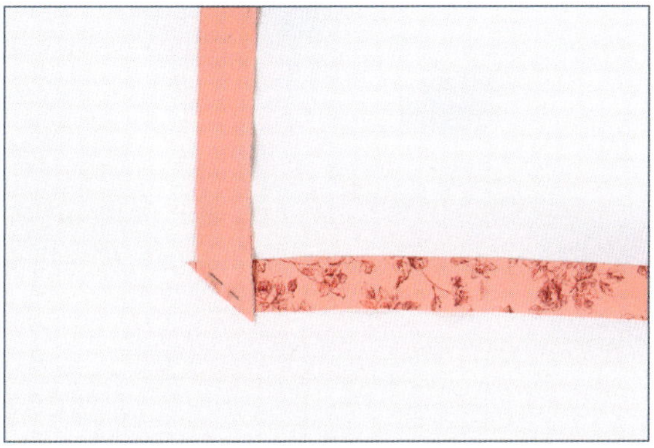

Mit dem Bügeleisen werden nun die beiden äußeren Kanten zur Mitte des Schrägbands hin gebügelt. Die Kanten treffen sich also in der Mitte. Dafür gibt es auch ein hilfreiches Tool: den Schrägbandformer.

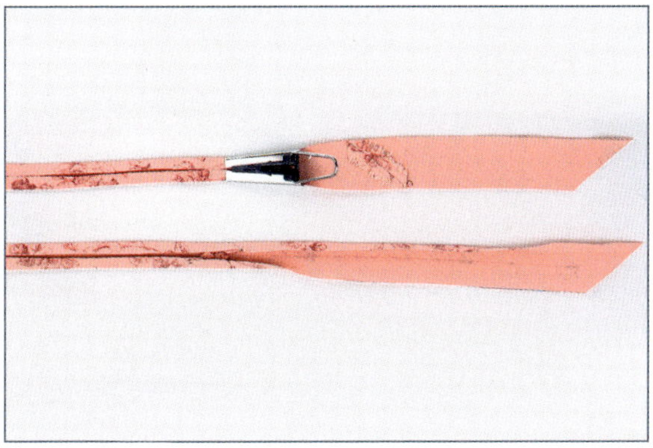

Mit Schrägband einfassen

Schrägband aufgeklappt rechts auf links, Kante an Kante auf das Kleidungsstück legen und in der zuvor gebügelten Kante annähen.

Wird, wie hier gezeigt, ein Teil komplett eingefasst, am Anfang und Ende je ein Stück Schrägband zunächst unangenäht lassen. In der benötigten Länge das Schrägband quer zusammennähen und den Überstand bis auf Nahtzugabenbreite zurückschneiden. Dann die verbliebene Strecke annähen.

Nun das Schrägband über die Kante legen. Das Schrägband ist auf der rechten Stoffseite an dem Falz eingeklappt, es sieht nun also von beiden Stoffseiten gleich aus. Feststecken (oder für das sauberste Ergebnis sogar heften) und knappkantig von der rechten Seite aus absteppen.

Knopflöcher nähen

Knopflöcher zu nähen ist ganz einfach, wenn die Nähmaschine über eine Knopflochautomatik verfügt.

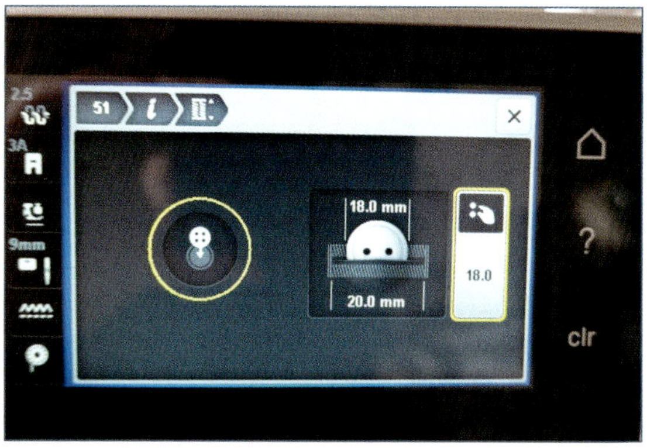

Nötig sind nur der entsprechende Nähfuß für die Maschine sowie das passende Programm. Dies ist an jeder Nähmaschine unterschiedlich, aber in der Bedienungsanleitung beschrieben. VORSICHT: Der Knopf sollte vorher ausgemessen und die entsprechende Größe an der Maschine eingestellt werden. Die Knopflochautomatik funktioniert nicht gut, wenn ein Höhenunterschied in der Nähe ist, zum Beispiel in Kragennähe. Hier macht es manchmal Sinn, das Knopfloch zu nähen, bevor der Kragen angenäht wird.

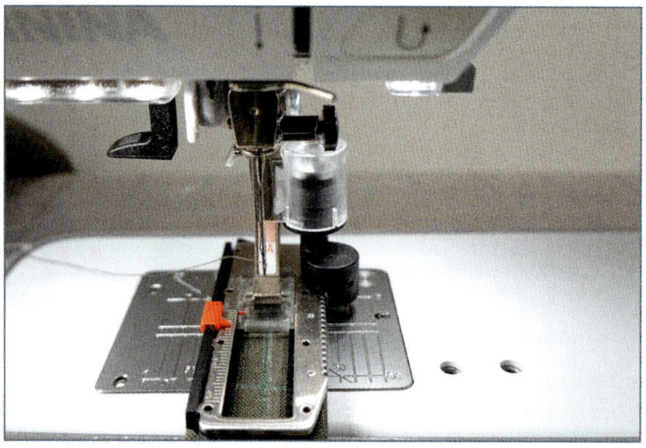

Ein Knopfloch kann auch ohne Automatik genäht werden. Hierzu die Größe des Knopfloches zunächst auf dem Stoff markieren und mit dem Zickzackstich arbeiten. Die Stichlänge wird so weit wie möglich verringert, die Stichbreite circa auf 6 oder größer eingestellt. Indem ein paar Mal vor und zurückgenäht wird, entsteht der obere Riegel. Wenn die Nadel als Nächstes links einstechen würde, die Stichbreite stark reduzieren (auf circa 2). Darauf achten, dass die Nadel am linken Rand des Riegels einsticht. In dieser kurzen Stichbreite bis zum Ende der vorgezeichneten Knopflochmarkierung nähen. Je nachdem, wie dicht die Maschine einstellbar ist, einmal wieder zurück und wieder runter nähen. Wenn die Nadel wieder als Nächstes links einstechen würde, zurück auf die große Stichbreite stellen und den unteren Riegel nähen. Sticht die Nadel nun rechts als Nächstes in den Stoff, wieder zurück auf die kurze Stichbreite stellen und rückwärts nach oben nähen. Gegebenenfalls wiederholen.

Stoff raffen

Besonders Rockbahnen oder Ärmel werden häufig gerafft. Hierzu wird der Geradstich der Nähmaschine auf die höchste Länge gestellt. Sowohl Unterfaden als auch Oberfaden sollten am Anfang mindestens 10 cm überstehen. Dann wird eine Naht, vom Beginn des Bereiches, der gerafft werden soll, bis zu dessen Ende genäht. Auch am Ende sollten Ober- und Unterfaden wieder lang überstehen. Nicht verriegeln! Nun kann an einem der überstehenden Fäden gezogen werden, wodurch sich der Stoff zusammenschiebt. Dies so lange tun, bis die gewünschte Länge erreicht ist. Dann können die Fäden auf beiden Seiten verknotet werden. Die entstandenen Fältchen gleichmäßig verteilen.

Sicherungsnaht

Eigentlich unelastische, gewebte Stoffe werden bei Zuschnitt im schrägen Fadenlauf dehnbar. Was beim Schrägband von Vorteil ist, ist zum Beispiel beim Halsausschnitt ein Problem, denn der sollte so groß bleiben, wie er zugeschnitten wurde. Doch auch hier ist der Stoff teilweise schräg zum Fadenlauf geschnitten. Um ein Ausdehnen zu verhindern, kann eine Sicherungsnaht gesetzt werden. Dazu wird mit einem Geradstich innerhalb der Nahtzugabe an der zu sichernden Strecke entlanggenäht. Bei einem Halsausschnitt wird in der vorderen Mitte begonnen und in Richtung Schulter genäht, dies wird auf der anderen Seite wiederholt. VORSICHT: dabei nicht am Stoff ziehen. Durch die Sicherungsnaht kann anschließend mit dem Schnittteil gearbeitet werden, ohne Risiko, dass das Schnittteil sich verzieht.

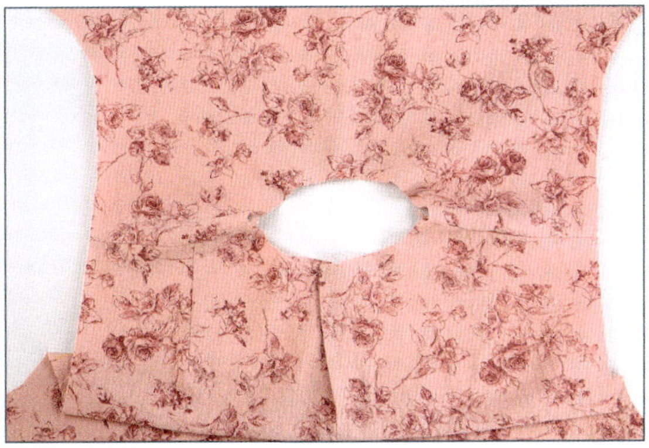

Abnäher nähen

Bevor der Abnäher genäht werden kann, müssen die Markierungen auf die linke Stoffseite übertragen werden. Besonders die Äbnäherspitze und die Knipse an der Schnittkante sind wichtig. Nun wird der Stoff rechts auf rechts gefaltet, sodass die Markierungen aufeinanderliegen und die Abnäherspitze im Bruch liegt. An den Knipsen an der Schnittkante wird begonnen und zulaufend auf die markierte Abnäherspitze hin genäht. Hier sollte die Spitze sehr flach auslaufend genäht werden, damit sie von der rechten Seite kaum zu sehen ist. An der Spitze angekommen nicht verriegeln, sondern Ober- und Unterfaden überstehen lassen. Die beiden Fäden miteinander doppelt verknoten und überstehende Fäden abschneiden.

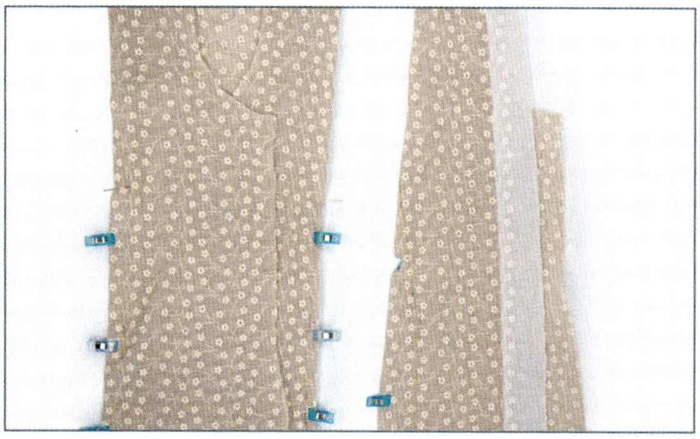

Nahttaschen

Die vier Schnittteile der Nahttaschen werden an der geraden Kante versäubert, ebenso am Kleidungsstück der Bereich zwischen den Markierungen, wo die Nahttaschen angenäht werden sollen. Nach dem Versäubern werden die Taschenteile jeweils rechts auf rechts, gemäß den Markierungen, angenäht – zwei an das Vorderteil, zwei an das Rückteil.

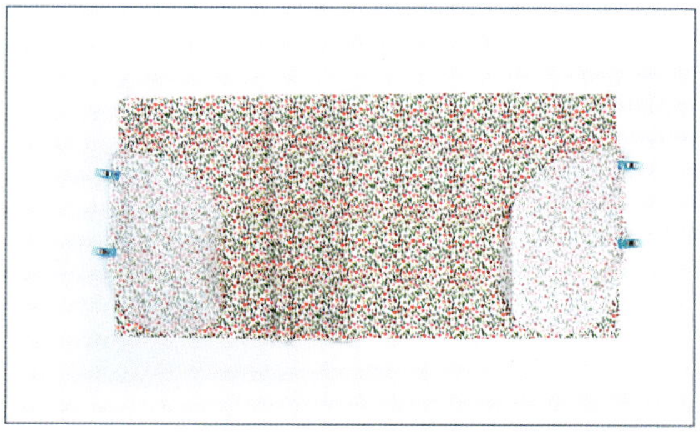

Die angenähten Taschenteile nun nach außen bügeln. Die beiden Taschenteile, die sich links und rechts am Vorderteil befinden, werden knappkantig auf die Nahtzugabe gesteppt. Nun werden Vorder- und -Rückteil rechts auf rechts aufeinandergelegt, gesteckt und genäht. Dabei führt die Naht auch entlang der äußeren Kanten der Taschen. Versäubern. Die Nahtzugabe wird zum Vorderteil hin gebügelt, damit die Tasche nach vorne gerichtet ist.

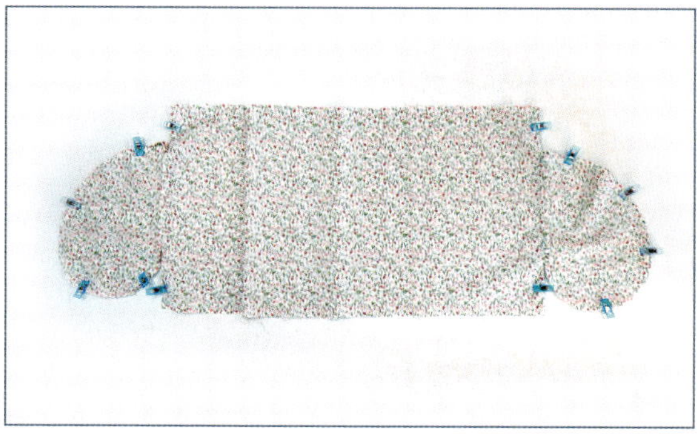

Bevor du startest

- Genauso wichtig wie das Nähen selbst ist eine gründliche Vorbereitung. Sie ermöglicht es erst, dass ein passendes, hochwertiges Kleidungsstück entsteht und gehört als erster Schritt zum Nähprozess. Deshalb ist es wichtig, sich diese Routine anzugewöhnen:

- Wasche deine Stoffe vor und bügle sie vor dem Zuschnitt. So verhinderst du, dass das fertige Kleidungsstück beim Waschen einläuft. Außerdem können Schmutz und Chemikalien in den Stoffen vorhanden sein, die du bestimmt beim Nähen nicht an die Hände bekommen möchtest.

- Stelle sicher, dass du dich aktuell ausgemessen hast und vergleiche deine Maße mit der Maßtabelle.

- Pause den Schnitt in deiner Größe von den beiliegenden Schnittmusterbögen ab – oder lade dir das PDF über den QR-Code herunter und klebe den Schnitt zusammen. Beim Abpausen ist es wichtig, dass alle Markierungen, wie Knipse und Abnäher, übertragen werden.

- Beachte: Es ist bisher KEINE Nahtzugabe und KEINE Saumzugabe enthalten. Wir empfehlen dir, mit einer Nahtzugabe von 1 cm zu arbeiten. Diese musst du beim Zuschnitt rund um das Schnittmuster hinzufügen. Außerdem musst du dir vorher überlegen, wie breit du den Saum haben möchtest und entsprechend Saumzugabe hinzugeben.

- Achte beim Zuschnitt auf den Fadenlauf und darauf, welche Teile im Bruch zugeschnitten werden sollten. Wenn du den Stoff für jedes Teil neu legst, sparst du meistens Stoff. Achte auch darauf, ob dein Stoff ein Muster oder eine Strichrichtung (wie zum Beispiel Cord) hat, die beim Zuschnitt beachtet werden muss.

- Freunde dich mit deinem Bügeleisen an! Denn auch während des Nähprozesses sollten Nähte immer wieder gebügelt werden. Du wirst sehen, dass das Ergebnis sehr viel schöner aussieht, wenn du fleißig deine Nähte gebügelt hast.

- Lies die Anleitung vor dem Nähen einmal komplett durch. Dadurch vermeidest du manchen Fehler.

Maßtabelle

Körperhöhe 168 cm

Größe	34	36	38	40	42	44	46
Brustumfang	82	86	90	94	98	102	106
Taillenumfang	66	70	74	78	82	86	90
Hüftumfang	90	94	98	102	106	110	114
Schulterbreite	10,8	11	11,2	11,4	11,6	11,8	12
Ärmellänge ab Kugel	59,3	59,6	59,9	60,2	60,5	60,8	61,1
Oberarmumfang	27	28	29	30	31	32	33

alle Angaben in cm

Schnittübersicht

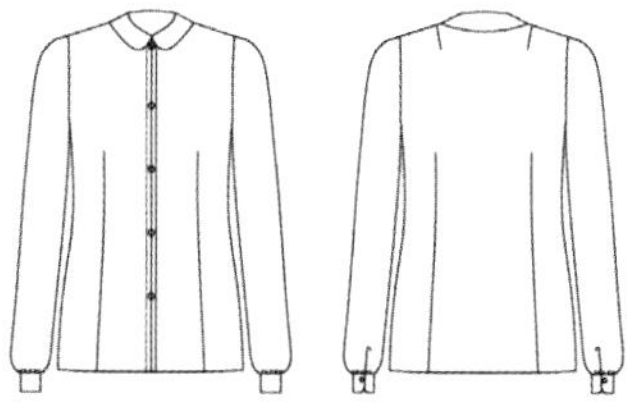

IVY BLUSE

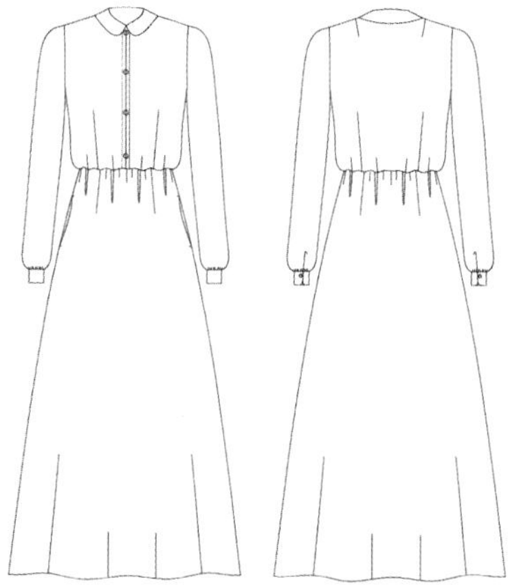

IVY KLEID

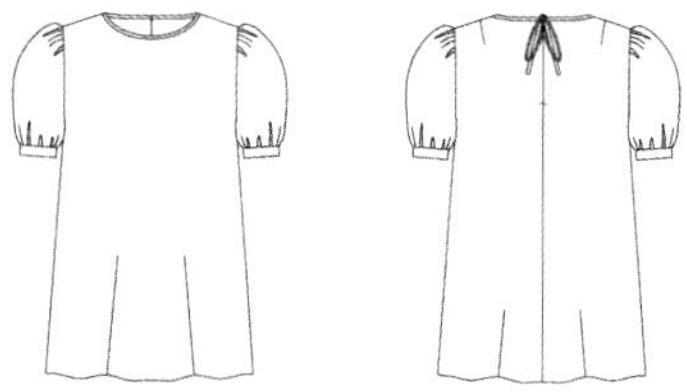

ROSE BLUSE

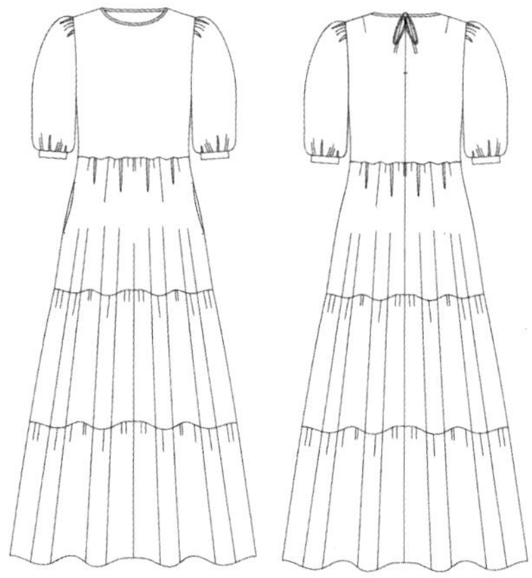

ROSE KLEID

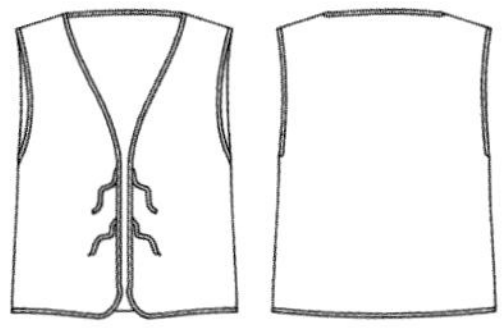

HAZEL

OLIVIA

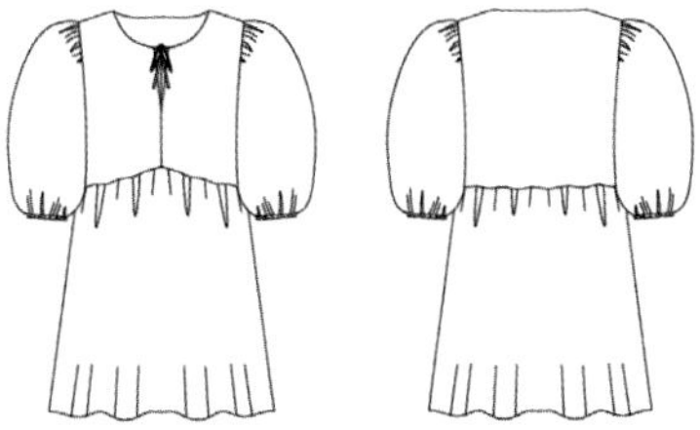

OPHELIA BLUSE

OPHELIA KLEID

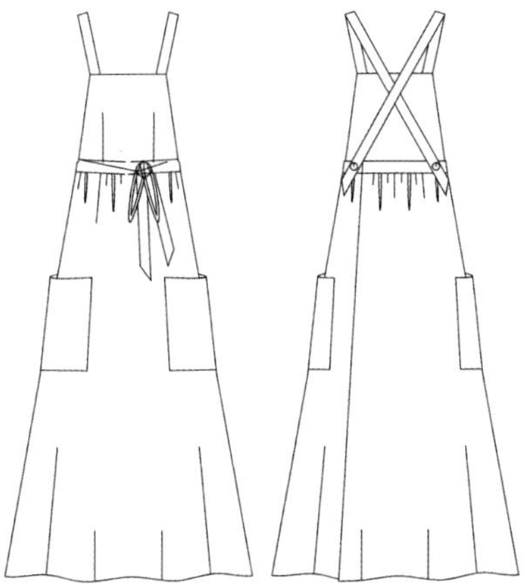

AVA

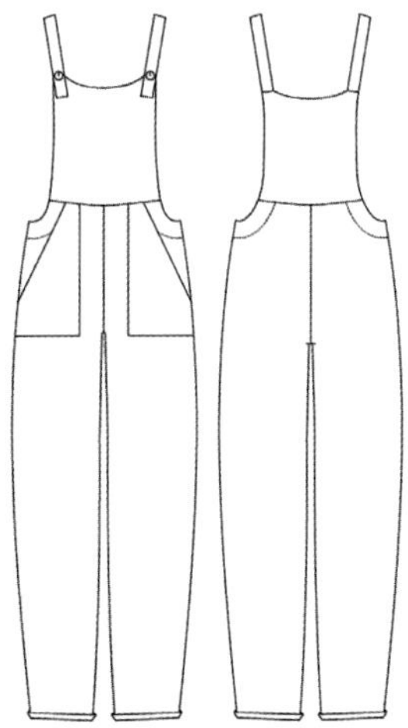

WILLOW

ELEANOR

VICTORIA

FLORENCE

Schnittbogen-Übersicht

Auf welchem Schnittbogen ist welches Schnittteil zu finden?
Damit die vielen Linien schneller einen Sinn ergeben, findet sich hier eine Auflistung pro Schnitt:

IVY und ROSE

A: Vorderteil (Schnittbogen 2)
B: Rückenteil (Schnittbogen 1)
C1: Ärmel (Schnittbogen 2)
C2: Manschette (Schnittbogen 2)
C3: Schlitzstreifen (Schnittbogen 2)
D1: Unterkragen (Schnittbogen 2)
D2: Oberkragen (Schnittbogen 2)
E1: Oberkragen (Schnittbogen 1)
E2: Unterkragen (Schnittbogen 1)
E3: Rüsche (Schnittbogen 2)
E4: Bindeband (Schnittbogen 1)
F1: Vorderes und Hinteres Rockteil (Schnittbogen 2)
F2: Vorderes und Hinteres Rockteil Teilstück für lange Länge (Schnittbogen 2)
G1: Puffärmel (Schnittbogen 1)
G2: Puffärmel Manschette (Schnittbogen 2)
H1: Stufenrockteil 1 (Schnittbogen 1)
H2: Stufenrockteil 2 (Schnittbogen 1)
H3: Stufenrockteil 3 (Schnittbogen 1)
I: Taschenbeutel (Schnittbogen 1)

ELEANOR

E2: Unterkragen (Schnittbogen 1)
E3: Rüsche (Schnittbogen 2)
E4: Bindeband (Schnittbogen 1)

OLIVIA

a: Vorderteil Bund (Schnittbogen 3)
b: Vorderteil Passe (Schnittbogen 3)
c: Rückenteil Bund (Schnittbogen 3)
d: Rückenteil Passe (Schnittbogen 3)
e: Vorderteil Tasche (Schnittbogen 3)
f: Taschenbeutel (Schnittbogen 3)
g: Vorderes Rockteil (Schnittbogen 3)
h: Hinteres Rockteil (Schnittbogen 3)

VICTORIA

p: Schnittteil (Schnittbogen 3)

HAZEL

w: Vorderteil (Schnittbogen 3)
x: Rückenteil (Schnittbogen 3)
y: Bindeband (Schnittbogen 3)

OPHELIA

r: Vorderteil (Schnittbogen 4)
s: Vorderes Rockteil (Schnittbogen 3)
t: Rückenteil (Schnittbogen 4)
u: Hinteres Rockteil (Schnittbogen 4)
v: Ärmel (Schnittbogen 4)
y: Bindeband (Schnittbogen 3)
H2: Stufenrockteil 2 (Schnittbogen 1)
H3: Stufenrockteil 3 (Schnittbogen 1)
I: Nahttaschenbeutel (Schnittbogen 1)

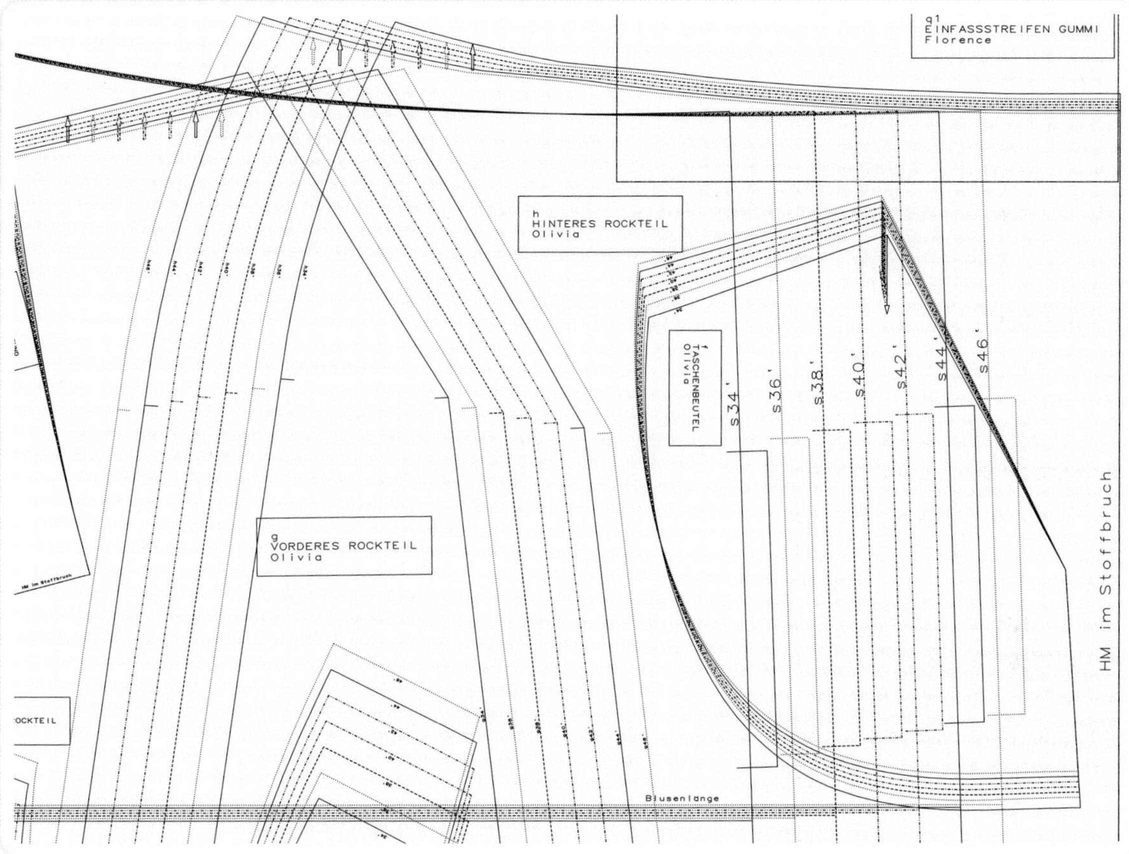

AVA

J: VT/RT Rockteil 1 (Schnittbogen 2)
J: RT Rockteil 2 (Schnittbogen 1)
K: VT Bund (Schnittbogen 2)
L: RT Bund (Schnittbogen 1)
M: VT Latz (Schnittbogen 1)
N: Bindebänder (Schnittbogen 1)
O: Tasche (Schnittbogen 2)
P: Träger (Schnittbogen 1)

WILLOW

i1: Vorderhose (Schnittbogen 4)
i2: Vorderhose (Schnittbogen 4)
j: VT Latz (Schnittbogen 4)
k1: Hinterhose (Schnittbogen 4)
k2: Hinterhose (Schnittbogen 4)
l: Hinterhose Latz (Schnittbogen 4)
m: Träger (Schnittbogen 4)
n: Formbesatz (Schnittbogen 4)
o: Tasche (Schnittbogen 4)

FLORENCE

q1: Einfassstreifen Gummi (Schnittbogen 3)
q2: Schnittteil (Schnittbogen 3)

Allgemeines

- Es ist KEINE Nahtzugabe im Schnitt enthalten. Wir empfehlen, 1 cm Nahtzugabe und 2 cm Saumzugabe zu nutzen.
- Die Abkürzungen auf den Schnittbögen bedeuten:
  VM = vordere Mitte
  RM/HM = rückwärtige Mitte/hintere Mitte
  h. Äe = hinterer Ärmel
  v. Äe = vorderer Ärmel
  FL = Fadenlauf
  SN = Schulternaht
  v = vorne
  h = hinten
- Bei allen Schrägstreifen ist keine Nahtzugabe notwendig, bei im Fadenlauf zugeschnittenen Streifen schon.
- Wo mit Schrägband eingefasst wird, wird keine Nahtzugabe gebraucht.
- Alle Modelle lassen sich aus allen gewebten Stoffen nähen. Je nachdem, ob ein fließender Fall oder mehr Stand gewünscht ist, kann zwischen Baumwolle, Viskose, Lyocell, Leinen oder anderen Materialien gewählt werden.
- Der Stoffverbrauch ist jeweils für eine Stoffbreite von 140 cm angegeben.
- Empfehlung für Bügeleinlage: Vlieseline® H 180.
- Die Formulierung „rechts auf rechts" wird folgend als „r-a-r" abgekürzt, „l-a-l" bedeutet links auf links.
- Einige Teile sind zu groß für den Schnittmusterbogen. Die Rockteile von Ava und Ivy sowie die Hosenbeine von Willow mussten daher geteilt werden. Sie haben einen Klebebereich, an dem sie zusammengefügt werden. Dies betrifft nur den Schnittmusterbogen, nicht das PDF.

Die Stufen für den Stufenrock von Rose und Ophelia sind Rechtecke, die dann im Bruch zugeschnitten werden. Wer sich das Abpausen oder Drucken der Schnittteile sparen möchte, kann hier die Maße der Rockstufen-Schnittteile ablesen: Höhe: 27 cm
Breite in cm laut Tabelle:

Größe	34	36	38	40	42	44	46
Stufe 1	36,5	37,5	38,5	39,5	40,5	41,5	42,5
Stufe 2	49,5	50,5	51,5	52,5	53,5	54,5	55,5
Stufe 3	62,5	63,5	64,5	65,5	66,5	67,5	68,5

Gütermann
110 yds/vgs

IVY

Bluse & Kleid

Ivy ist ein klassischer, femininer Schnitt, der durch seine von unten kommenden Abnäher in Form gebracht wird. Der runde Kragen findet sich in seiner Form in der Manschette wieder. Als Bluse hat Ivy eine durchgängige Knopfleiste, in der Kleidversion schließt sich unterhalb der Taille ein eingereihter Rock an.

Material

- **Stoff**

Größe	34–38	40–46
Bluse		
Mit Manschettenärmel	1,50 m	1,70 m
Mit kurzem Puffärmel	1,10 m	1,30 m
Mit ¾ Puffärmel	1,50 m	1,70 m
Kleid knielang		
Mit Manschettenärmel	2,30 m	2,50 m
Mit kurzem Puffärmel	2,00 m	2,20 m
Mit ¾ Puffärmel	2,40 m	2,60 m
Kleid lang		
Mit Manschettenärmel	2,80 m	2,90 m
Mit kurzem Puffärmel	2,50 m	2,90 m
Mit ¾ Puffärmel	2,80 m	3,00 m

- **Bügeleinlage** für Oberkragen, zwei Manschettenteile und Knopfleiste
- **Knöpfe** 7 Stück

Mögliche Hacks: Ivy und Rose teilen sich das gleiche Oberteil, nur, dass Rose ohne Abnäher genäht wird. Daher kann Ivy die Puffärmel von Rose und den Kragen Eleanor ohne Änderungen übernehmen. Gut machbar ist auch eine durchgängige Knopfleiste bis zum Rocksaum. Wenn der Rock breiter zugeschnitten wird, entstehen mehr Raffung und mehr Volumen im Rock. Auch sehr passend für Ivy: die dritte Rockstufe von Rose als Rüsche an den Rocksaum setzen. Ein Schnitt, so viele Möglichkeiten. Wer die Taille gern direkt am Körper hätte, kann hier gut ein Gummiband auf die Nahtzugabe nähen oder einen Tunnelzug aufnähen.

IVY Bluse

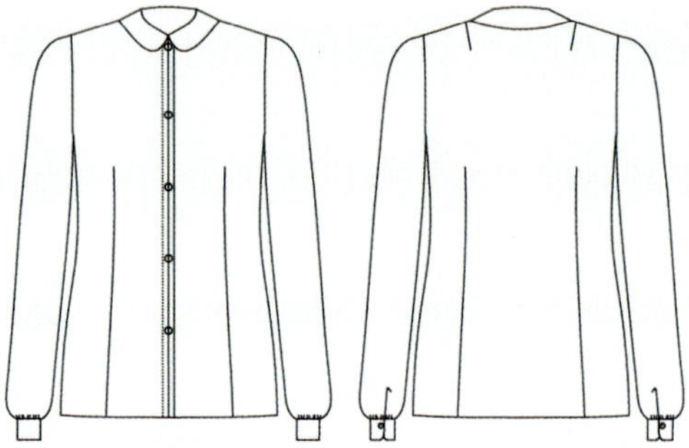

Zuschnitt

- A: Vorderteil (inklusive Bereich der Knopfleiste), 1 gegengleiches Paar
- B: Rückenteil, 1x im Bruch
- C1: Ärmel, 1 gegengleiches Paar
- C2: Manschette, 2 gegengleiche Paare
- C3: Schlitzstreifen, 2x (nur an den kurzen Enden Nahtzugabe zugeben)
- D1: Unterkragen, 1x im Bruch
- D2: Oberkragen, 1x im Bruch

1

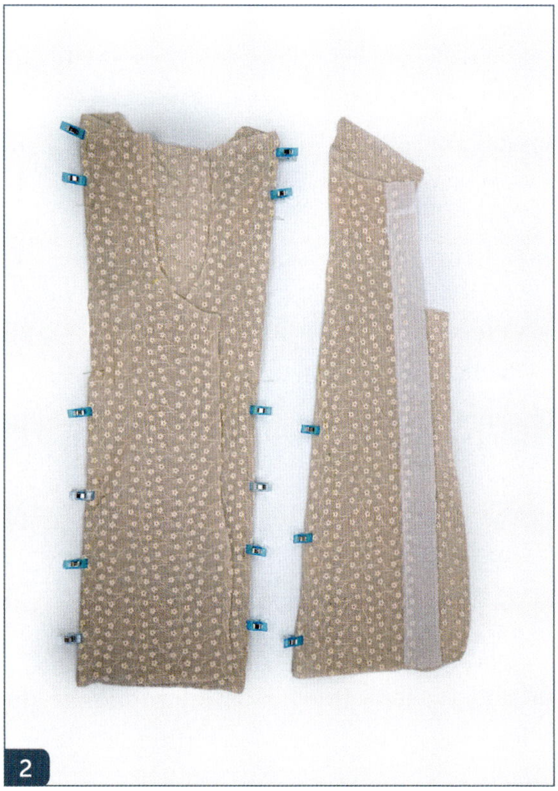

2

Nähen

1 Bügeleinlage aufbringen an: Oberkragen, jeweils ein Manschettenteil und Knopfleiste.

2 Abnäher am Vorderteil und Rückteil übertragen und nähen. Inhalt Richtung vordere bzw. hintere Mitte bügeln.

3 An beiden Vorderteilen die Kante an der vorderen Mitte zuerst 1 cm nach links umbügeln, dann laut Knipsmarkierung nochmals nach links umbügeln. An der Halskante die Knopfleiste an der 2. Falz einmal r-a-r auf das Vorderteil klappen und die obere Kante bei 1 cm abnähen. Wenden und die verstürzte Kante gut ausformen. Die Nahtzugabe des Halsausschnittes direkt neben der verstürzten Partie bis kurz vor das Ende der Nahtzugabe einschneiden. Knopfleiste feststeppen. Falls gewünscht, auch die vordere Kante der Knopfleiste absteppen.

4 Schulternähte und Seitennähte schließen und versäubern.

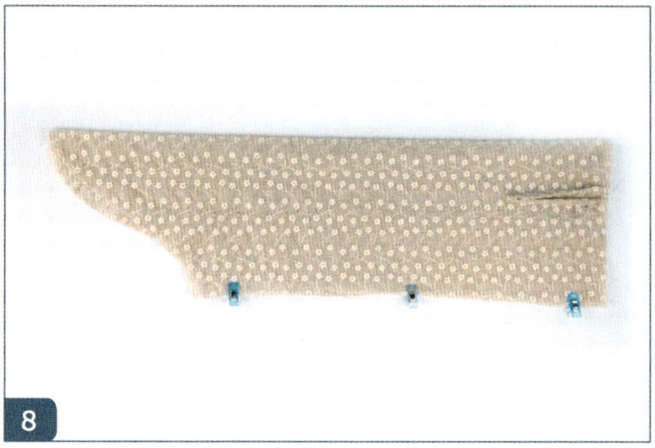

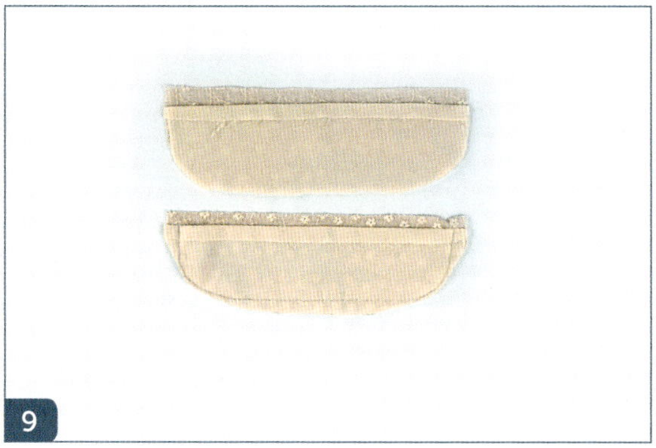

6 Ärmel vorbereiten: Schlitz-Einfassstreifen wie ein Schrägband umbügeln (siehe Linien auf dem Schnittteil). Schlitz mit Einfassstreifen versäubern: Einfassstreifen rechts auf rechts auf den gerade gezogenen Ärmelschlitz stecken (im Bild rechts gezeigt). Die Mitte des Ärmelschlitzes wird dabei nur knapp mitgefasst (im Bild links gezeigt). Der Falzlinie entlang annähen.

7 Den Einfassstreifen umklappen und über die Nahtzugabe legen. Der Streifen schließt die Nahtzugabe nun komplett ein (im Bild rechts gezeigt). Knappkantig absteppen.

Von der linken Ärmelseite den Einfassstreifen aufeinanderlegen und die obere Ecke diagonal absteppen (im Bild links gezeigt).

8 Ärmelnaht schließen und versäubern.

9 Unverstärktes Manschettenteil an der oberen Kante 1 cm umbügeln. Manschettenteile r-a-r nähen, Rundungen zurückschneiden, wenden, bügeln. Knopfloch einnähen.

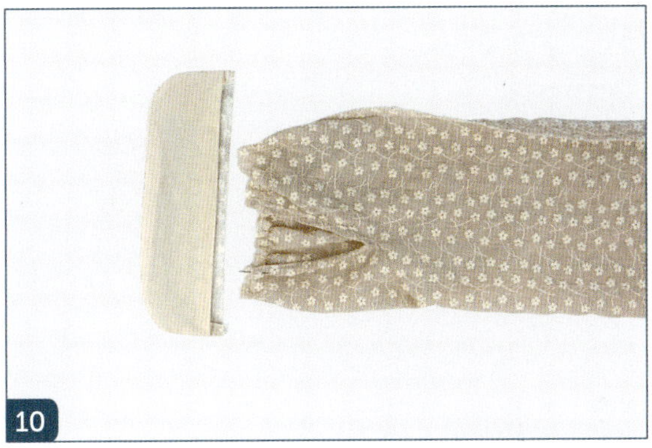

10

11

10 Die Schlitzkante, die weiter weg von der Ärmelnaht ist, nach innen umschlagen.

Ärmel an der unteren Kante einreihen, bis die Weite der Manschette erreicht ist.

11 Verstärkte Seite der Manschette annähen.

12 Umschlagen, Nahtzugabe in die Manschette, absteppen.

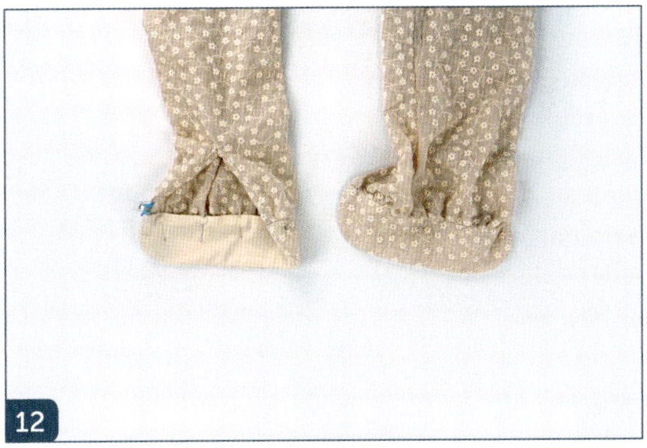

12

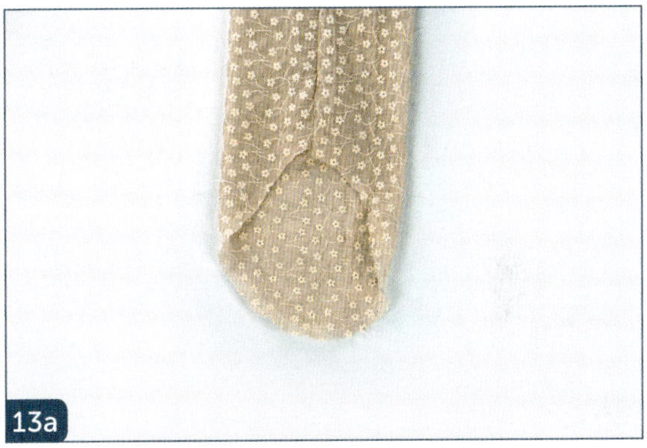

13a

13b

13 Ärmel einnähen, dabei muss im oberen Ärmelbereich Stoff eingehalten werden. Dazu kann es hilfreich sein, einen Raffungsfaden einzunähen und leicht zu raffen. Vorsicht: Es sollen keine Fältchen entstehen. Versäubern.

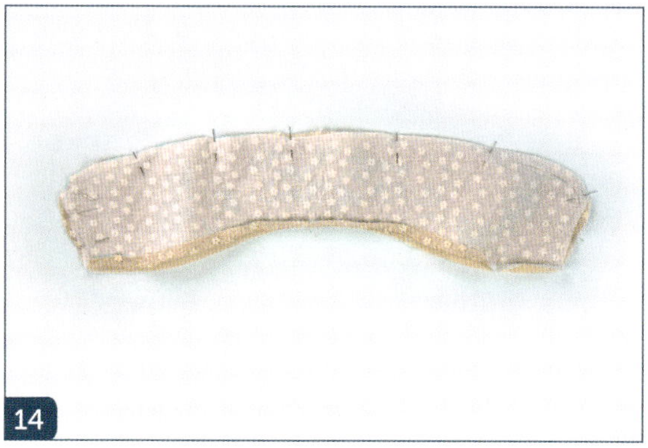

14

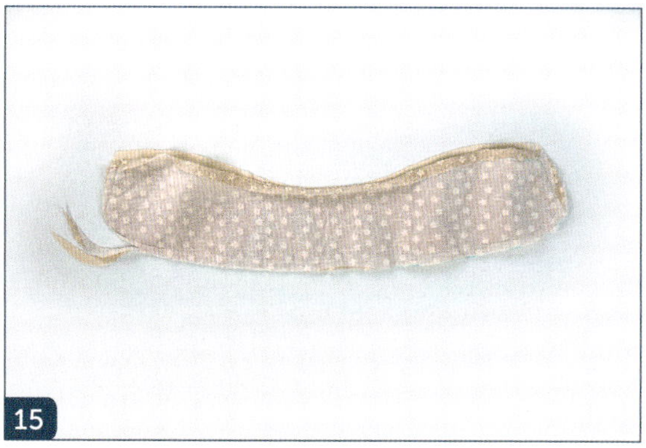

15

16

17

18

14 Kragen: Oberkragen 1 cm an der unteren Kante umbügeln.

15 Kragenteile r-a-r nähen, an Rundungen die Nahtzugabe zurückschneiden.

16 Unterkragen r-a-r an den Halsausschnitt nähen.

17 Nahtzugabe in den Kragen schlagen und umgebügelte Kante absteppen.

18 NUR für Bluse Ivy: säumen.

19

19 Knopflöcher einnähen. Knöpfe an Knopfleiste und Manschette anbringen.

(ab hier beim Kleid fortfahren, wenn die Kleidversion genäht wird)

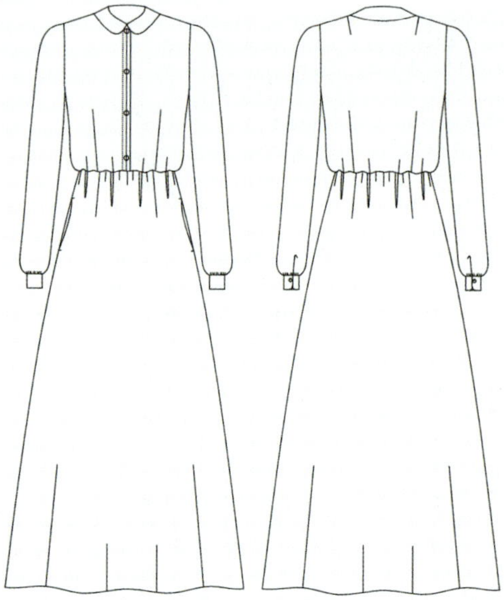

Zuschnitt zusätzlich zur Bluse

- F: Vorderes und hinteres Rockteil, 2x im Bruch
- I: Taschenbeutel Nahttasche, 2 gegengleiche Paare

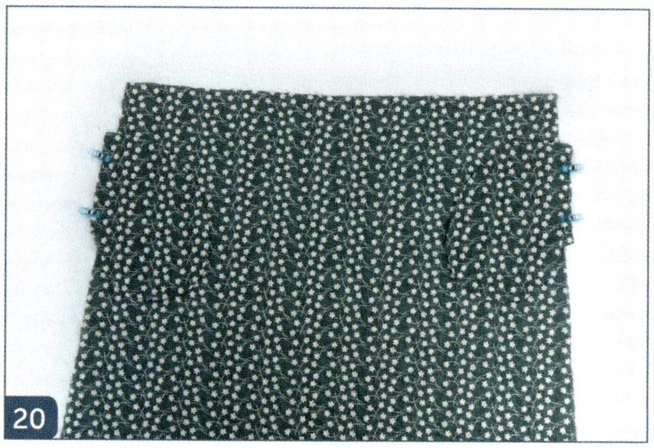

20

Nähen

1–19 Siehe diese Schritte bei der Anleitung zur IVY Bluse

20 Taschen r-a-r an die markierten Positionen an den Rockseiten nähen. Die Nahtzugabe versäubern und in Richtung Tasche bügeln.

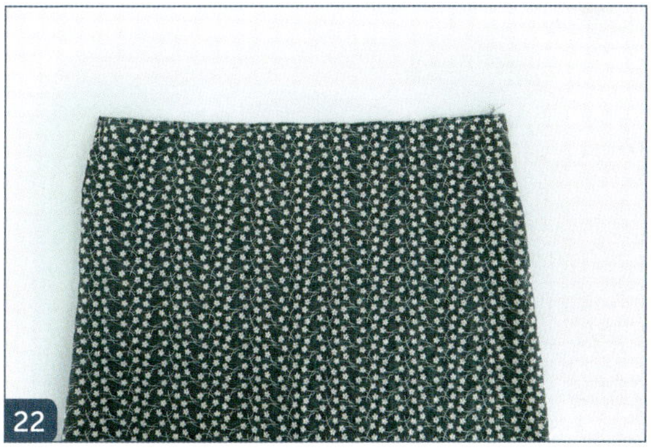

21 Rockteile r-a-r aneinanderstecken und nähen. Dabei werden die Taschen ebenfalls zusammengenäht. Versäubern.

22 Mit 5 mm Stichlänge je einen Raffungsfaden an die obere Kante des Rockteils nähen, dabei innerhalb der Nahtzugabe bleiben.

23 Vorderes und hinteres Rockteil so weit raffen, bis die Breite des Oberteils erreicht ist.

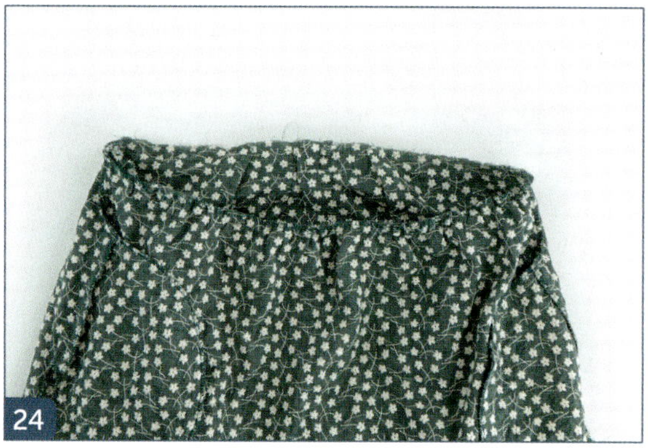

24

26b

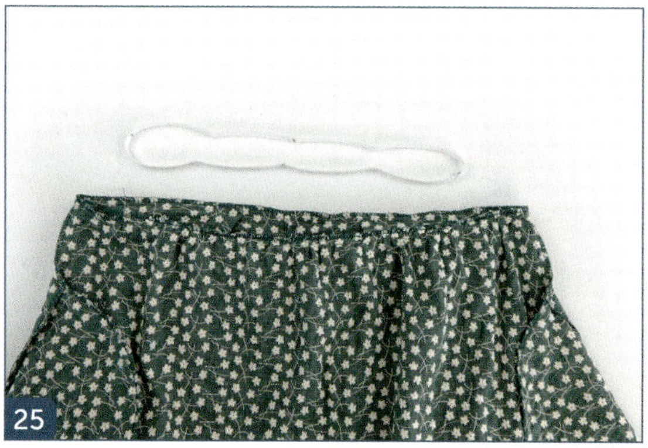

25

27

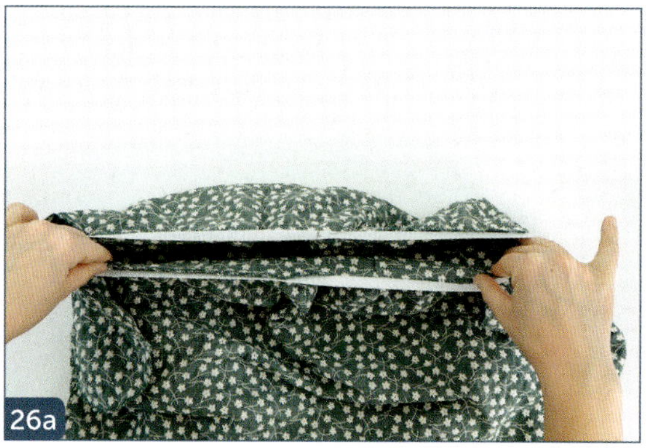

26a

24 Rockteil über das Oberteil stülpen und r-a-r annähen.

25 Optional: Falls es gewünscht ist, dass das Kleid in der Taille anliegt, kann ein Gummiband auf die Nahtzugabe genäht werden. Dazu zuerst die Nahtzugabe versäubern. Dann ein Gummiband von 0,5 cm bis 1 cm Breite und der Länge des Taillenumfangs zuschneiden.

26 Dieses dann gleichmäßig gedehnt mit einem elastischen Stich auf die Nahtzugabe steppen.

27 Kleid Ivy säumen.

ROSE

Bluse & Kleid

Rose ist ein verspieltes Stufenkleid mit wunderschönen Puffärmeln. Der Halsausschnitt kommt ohne Kragen aus und wird mit einer Schleife im Rücken geschlossen. Als Bluse passt Rose wunderbar zur Jeans oder zu Röcken, als Kleid wird sie mit ihren Stufen ein absoluter Hingucker: zwei Stufen als kurzes Kleid, das knapp über dem Knie endet – drei Stufen als langes Kleid.

Material

- Stoff

Größe	34–38	40–44
Bluse (1 Stufe)		
Mit kurzem Puffärmel	1,50 m	1,70 m
Mit ¾ Puffärmel	1,90 m	2,10 m
Kleid knielang (2 Stufen)		
Mit kurzem Puffärmel	2,00 m	2,20 m
Mit ¾ Puffärmel	2,40 m	2,70 m
Kleid lang (3 Stufen)		
Mit kurzem Puffärmel	2,50 m	2,70 m
Mit ¾ Puffärmel	2,90 m	3,10 m

Mögliche Hacks: Ivy und Rose teilen sich das gleiche Oberteil, daher kann Rose den glatten Ärmel von Ivy und sowohl den runden Kragen als auch den Kragen Eleanor ohne Änderungen übernehmen. Tolle Variante: das Bindeband und den kleinen Rückenschlitz ins Vorderteil verlagern.

ROSE Bluse

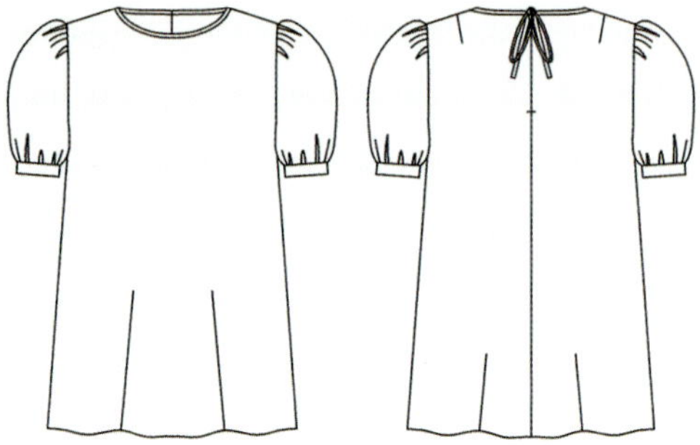

Zuschnitt

- BEACHTE: Bei Vorder- und Rückteil keine Nahtzugabe am Hals zugeben, da hier mit Schrägband eingefasst wird – es sei denn, es soll ein Kragen angenäht werden.
- A: Vorderteil, 1x im Bruch (BEACHTE! Bruch liegt an der vorderen Mitte!)
- B: Rückenteil, 1 gegengleiches Paar
- E4: Bindeband, 1x im Bruch
- G1: Puffärmel, 1 gegengleiches Paar
- G2: Manschette Puffärmel, 2x.

TIPP: Die Länge der Manschette unterscheidet sich, je nachdem, ob ein kurzer oder ein ¾-Ärmel genäht wird. Die Länge ist am Schnittteil angegeben.

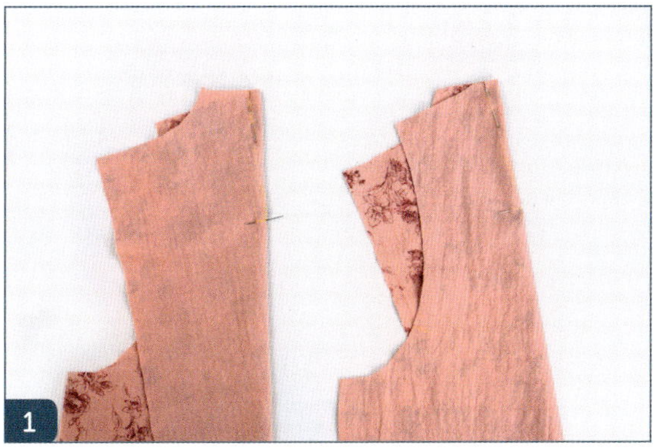

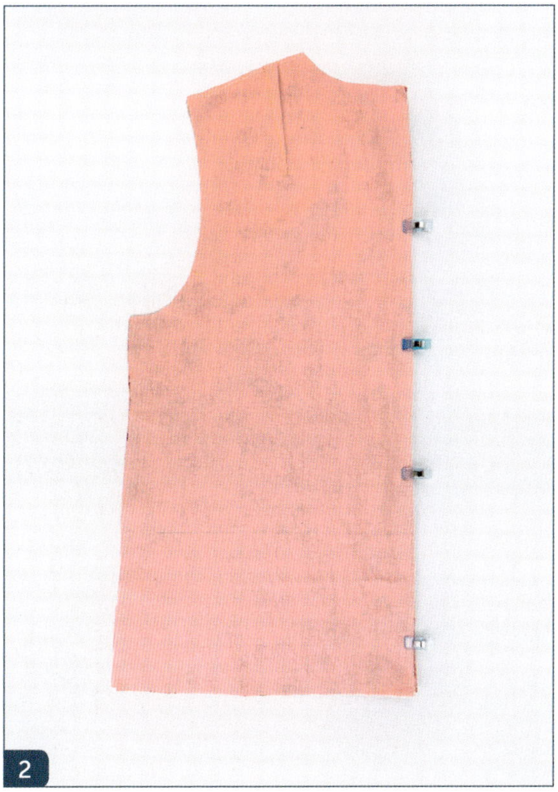

Nähen

1 Abnäher in der Schulter nähen.

2 Die hintere Mitte bei beiden Rückteilen versäubern. Hintere Mitte r-a-r bis zum Knips schließen. Nahtzugabe auseinanderbügeln.

3 Schulternähte und Seitennähte von Vorder- und Rückteil r-a-r schließen und versäubern.

4 Rund um den Halsausschnitt eine Sicherungsnaht innerhalb der Nahtzugabe nähen.

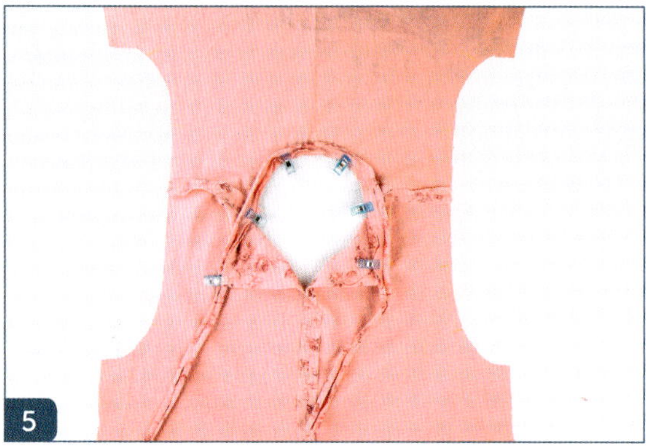

5

6

7

8

5 Schrägband umbügeln und mit der rechten Seite auf die linke Stoffseite des Halsausschnittes stecken. Dabei liegt die Mitte des Bandes auf der vorderen Mitte des Oberteils. Innerhalb der Falz aufnähen.

6 Die Enden des Schrägbandes jetzt nach innen umklappen, oder alternativ später verknoten.

Bindeband um die Nahtzugabe schlagen, sodass es die vorherige Naht verdeckt. Knappkantig von der rechten Seite absteppen. Dabei wird am Anfang des Bandes begonnen, über den Kragen und darüber hinaus bis zum Endpunkt.

7 Nun die Seitennähte schließen.

8 Puffärmel vorbereiten: einen Raffungsfaden innerhalb der vertikalen Knipse aufnähen.

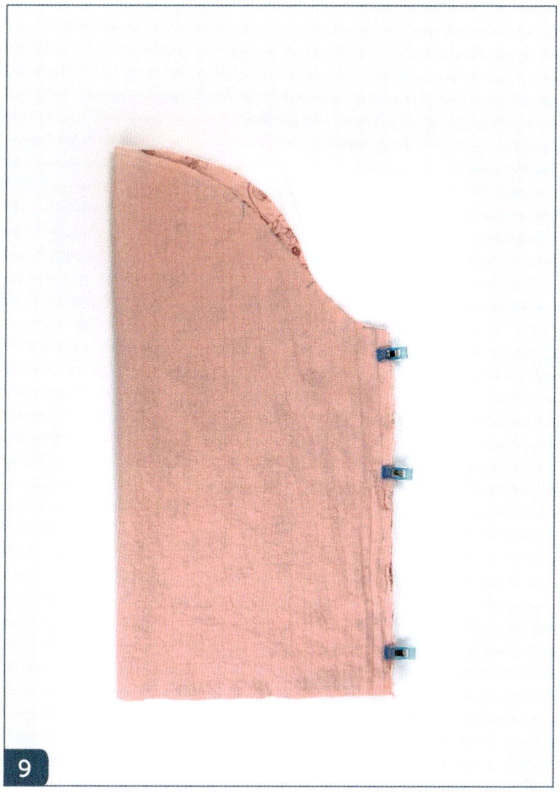

9

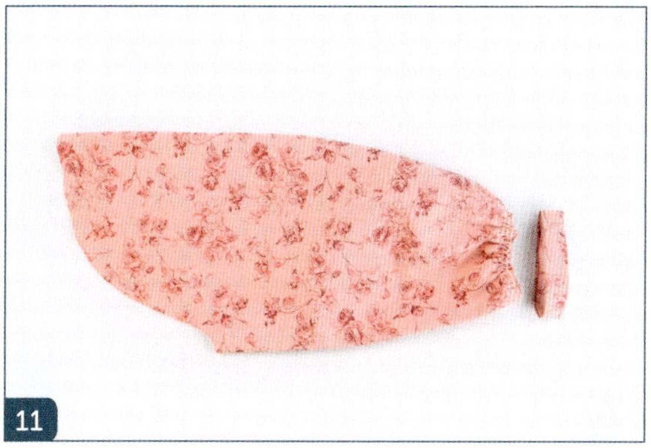

11

12

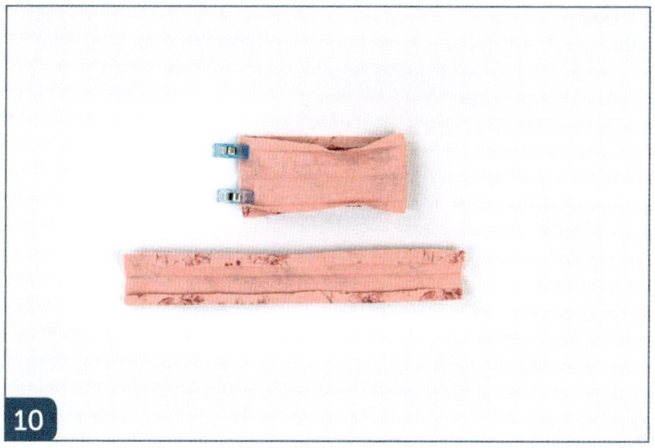

10

9 Dann die Seitennähte des Ärmels schließen und versäubern. Auf die komplette untere Kante des Ärmels einen Raffungsfaden nähen.

10 Die Manschette einmal der langen Seite entlang l-a-l in der Mitte umschlagen und bügeln. Eine der Seiten noch mal 1 cm auf die linke Seite umschlagen und bügeln. Wieder aufklappen. Die kurzen Seiten r-a-r zusammennähen.

11 Über den Raffungsfaden den Ärmel so weit raffen, bis er den Umfang der Manschette erreicht hat. Fältchen gleichmäßig verteilen.

12 Die Manschette mit der nicht umgebügelten Kante rechts auf links an die offene untere Kante des Ärmels stecken. Dabei liegen die Seitennähte und die Mitten der Schnittteile aufeinander. Annähen.

13

14c

14a

15

14b

13 Die Nahtzugabe Richtung Manschette legen und die umgebügelte Kante der Manschette über die Nahtzugabe stecken. Absteppen.

14 An den Ärmeln den oberen Bereich passend zu den Knipsen des Armausschnitts mithilfe des Raffungsfadens auf die benötigte Länge bringen. Ärmel r-a-r an das Oberteil stecken – Nähte sowie Knipse treffen aufeinander –, annähen und versäubern.

15 Bluse ROSE säumen.

(ab hier beim Kleid fortfahren, wenn die Kleidversion genäht wird)

Zuschnitt zusätzlich zur Bluse

- H1: Stufenrockteil 1, 2x im Bruch
- H2: Stufenrockteil 2, 2x im Bruch
- H3: Stufenrockteil 3, 2x im Bruch
- I: Nahttaschen, 2 gegengleiche Paare

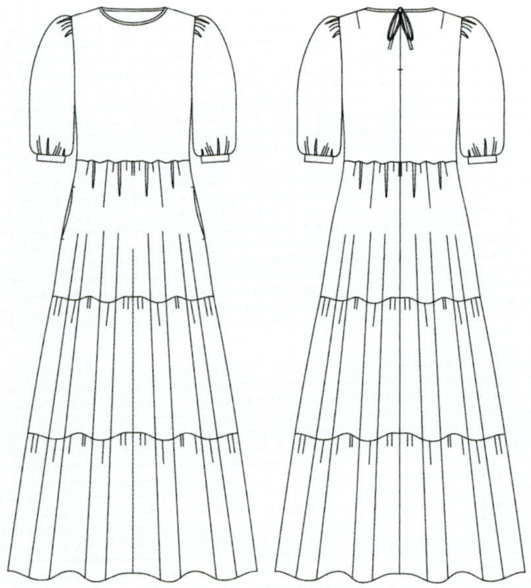

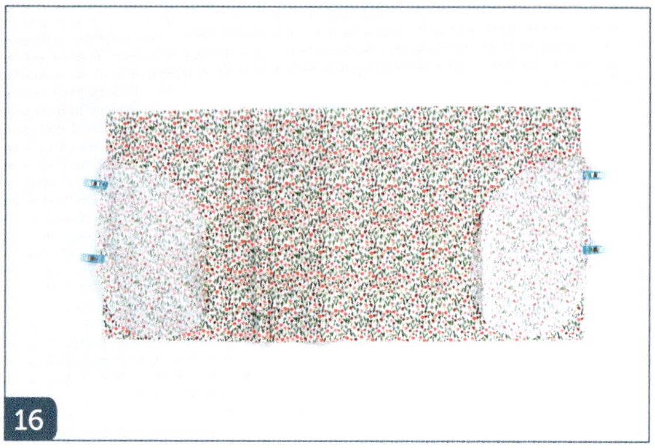

16

Nähen

16 Taschen r-a-r an den markierten Positionen an die Rockseiten nähen. Die Nahtzugabe versäubern und in Richtung Tasche bügeln.

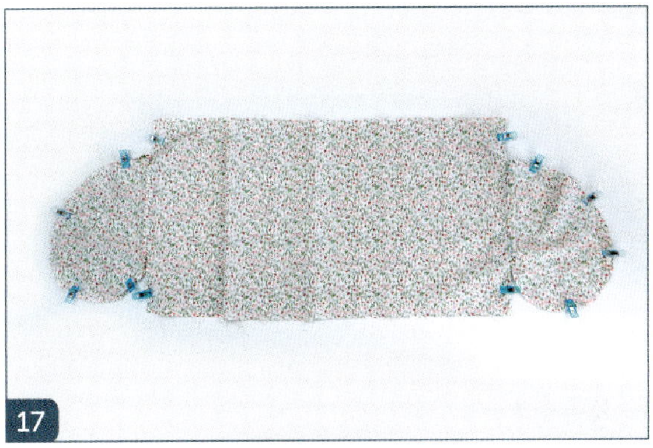

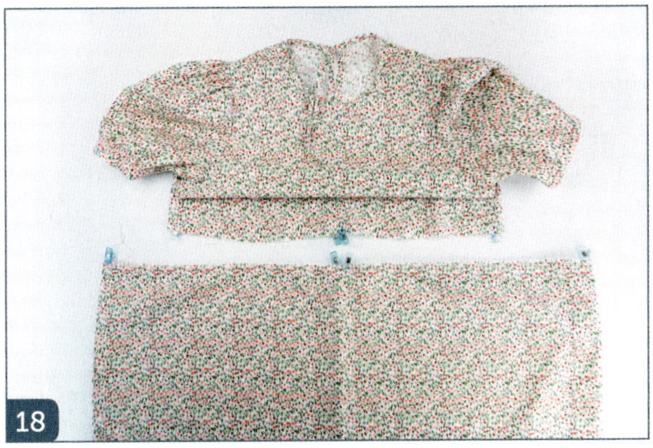

17 Die vordere erste Stufe an die hintere erste Stufe stecken und die Seitennähte schließen. Dabei werden die Taschen ebenfalls zusammengenäht. Versäubern.

18 Einen Raffungsfaden entlang der oberen Kante der vorderen Stufe und einen Raffungsfaden entlang der vorderen Kante der hinteren Stufe aufnähen.

19 Die Stufe raffen, bis sie die Breite des Oberteils erreicht hat, die Fältchen gleichmäßig verteilen.

20 Die Stufe r-a-r an die untere Kante des Oberteils stecken, nähen und versäubern.

21 Für die zweite und dritte Stufe wie zuvor beschrieben verfahren.

TIPP: Die Stufen lassen sich auch gut mit der Overlock, Differentialtransport auf 2, raffen. Das geht deutlich schneller. Die sicherere Methode ist allerdings die Version mit dem Faden.

22 Säumen: Die untere Kante mit der Overlock versäubern. Die Kante in der Breite der Overlocknaht doppelt einschlagen und knappkantig absteppen.

ELEANOR

Kragen

Der Kragen Eleanor ist ein richtiges It-Piece, das mit jedem Oberteil kombiniert werden kann, weil er in sich abgeschlossen ist. Besonders gut passt er zu Rose, da sie keinen eigenen Kragen mitbringt. Hier kann Eleanor direkt an den Halsausschnitt genäht oder abnehmbar nachgerüstet werden. Toll sieht es auch aus, wenn Eleanor zusätzlich zum runden Kragen an Ivy gebunden wird.

Material

- **Stoff** 30 cm
- **Bügeleinlage** 30 cm

Zuschnitt

- E2: Unterkragen, 2x im Bruch
- E3: Rüsche, 1x im Bruch
- E4: Bindeband, 1x im Bruch (oder 2x, dann mit Naht). HINWEIS: keine Nahtzugabe am Bindeband und an der Halsseite des Kragens zugeben, da hier mit Schrägband eingefasst wird.

INFO: E1 Oberkragen wird nur verwendet, wenn Eleanor als Kragen fest angenäht wird. Der Unterkragen ist leicht kleiner als der Oberkragen, damit der Unterkragen nicht sichtbar hervorschaut. Wenn Eleanor als Accessoire mit Bindeband genäht wird, ist das nicht nötig.

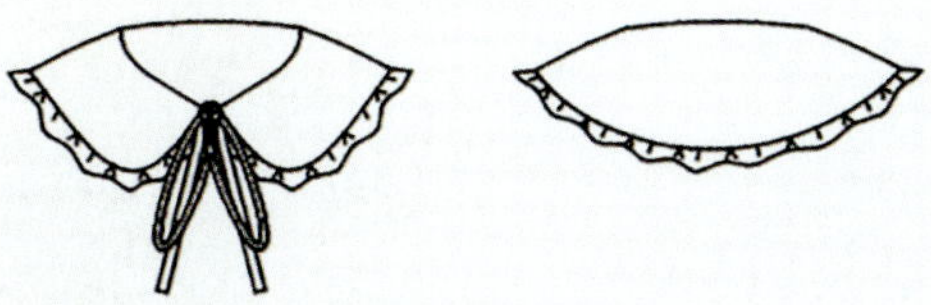

Mögliche Hacks: Eleanor kann ohne Rüsche genäht werden, dann ist der Kragen etwas weniger auffällig.

Nähen

1 Ein Kragenteil auf der linken Stoffseite mit Bügeleinlage verstärken.

2 Rüsche an den langen Kanten, mit der linken Seite nach innen zeigend, in der Mitte falten und bügeln. Kurze Enden der Rüsche r-a-r aufeinandernähen, wenden und Ecke schön ausformen.

3 Raffungsfaden aufnähen und Rüsche auf die Länge der äußeren Kragenrundung gleichmäßig raffen.

1

2

3

4 Rüsche entlang der äußeren Kragenrundung auf den Oberkragen stecken. 1 cm am Anfang und am Ende frei lassen. Rüsche innerhalb der Nahtzugabe aufnähen.

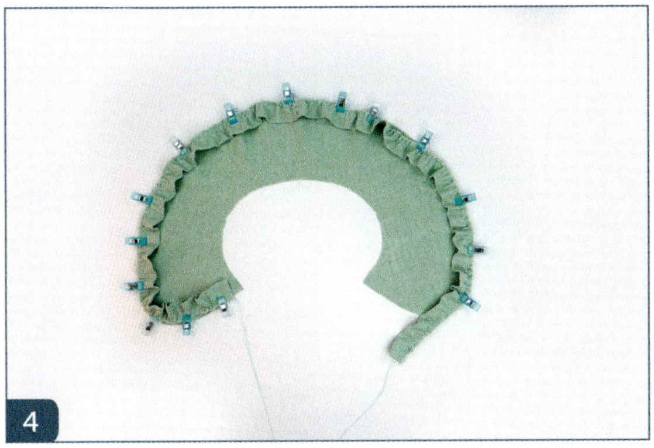

4

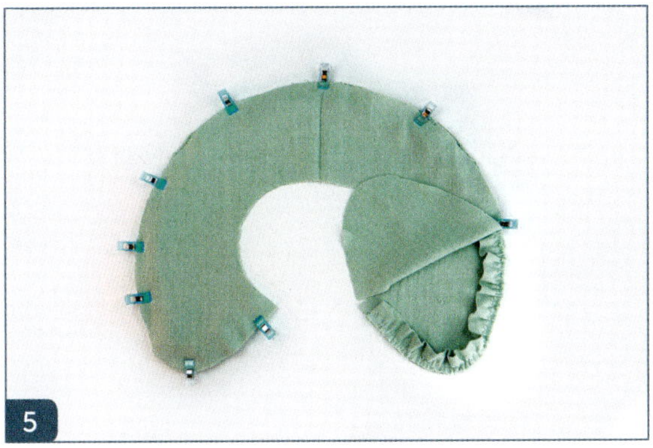

5

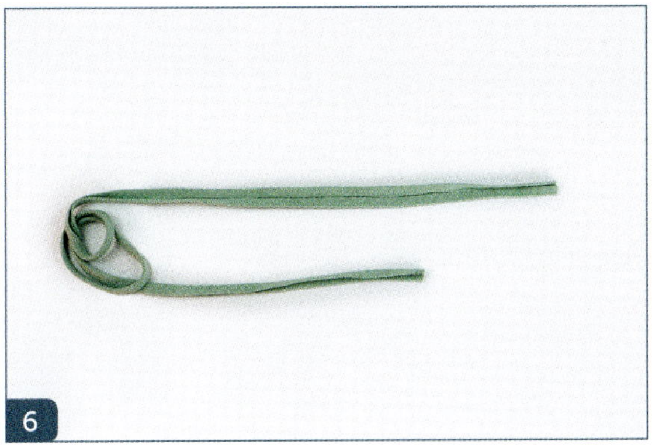

6

5 Unterkragen r-a-r an den Oberkragen nähen. Die Rüsche liegt zwischen den beiden Kragenteilen. Nahtzugabe zurückschneiden, besonders an den Rundungen. Kragen wenden und ausformen.

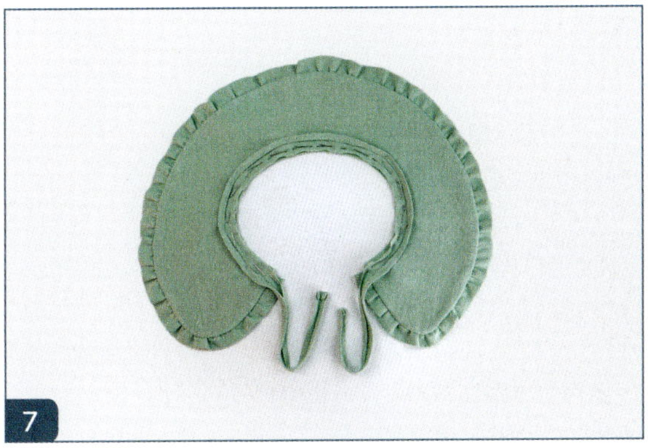

7

8

6 Bindeband wie ein Schrägband umbügeln. Die Enden nach innen umklappen.

7 Bindeband aufklappen, r-a-r an die innere, noch offene Kante des Kragens stecken. Dabei trifft die Mitte des Bindebandes auf die hintere Mitte des Kragens. In dem Falz annähen.

8 Bindeband um die Nahtzugabe schlagen, knappkantig absteppen. Dabei wird am Anfang des Bandes begonnen, über den Kragen und darüber hinaus bis zum Endpunkt genäht.

OLIVIA

Rock

Olivia ist ein sehr femininer Rock mit einer Passe, die v-förmig am Bauch anliegt. In den gerafften Rockbahnen befinden sich große Taschen – praktisch und schick! Olivia wird mit einem nahtverdeckten Reißverschluss geschlossen. Der Rock ist wadenlang.

Material

- **Stoff** für kurze Länge (60 cm ab Taille) 1,40 m
- **Stoff** für lange Länge (88 cm ab Taille) 1,90 m
- **Nahtverdeckter Reißverschluss**, ca. 20 cm lang
- **Bügeleinlage** für die Bundteile
- **Nahtband** (optional) für Taschenausschnitte und Reißverschlusskanten

Zuschnitt

- a: Vorderteil Bund, 2x im Bruch
- b: Vorderteil Passe, 1x im Bruch
- c: Rückenteil Bund, 2x im Bruch
- d: Rückenteil Passe, 1x im Bruch
- e: Vorderteil Tasche, 1 gegengleiches Paar
- f: Taschenbeutel 1 gegengleiches Paar
- g: Vorderes Rockteil, 1x im Bruch
- h: Hinteres Rockteil, 1x im Bruch

Mögliche Hacks: Natürlich kann Olivia auf jede gewünschte Länge gekürzt oder verlängert werden. Möglich ist auch, eine Rüsche an den Rocksaum anzusetzen. Weitere Idee: die Taschen durch aufgesetzte Taschen ersetzen, vielleicht die von Ava oder Willow. Genauso könnte Ava einen Latz von den beiden Schnitten bekommen. Ambitionierte Näher*innen können Olivia auch mit einer Knopfleiste in der vorderen Mitte versehen.

Nähen

1 Bügeleinlage aufbringen an: allen Bundteilen; eventuell Nahtband auf die Taschenausschnitte und den Bereich, in den der Reißverschluss kommt.

2 Die Taschenbeutel r-a-r auf das Vorderteil stecken und nähen. Die Nahtzugabe versäubern.

3 Taschenbeutel aufschlagen und knappkantig auf die Nahtzugabe steppen.

4 Tasche nach innen schlagen. Eingriffkante bügeln.

5 Vorderteil Tasche r-a-r an den Taschenbeutel stecken. An der gerundeten Kante entlang annähen. Versäubern.

6 Einen Raffungsfaden zwischen den Knipsen an die obere, v-förmige Kante des Vorderteils nähen, dabei diesen im Bereich des Vs genau auf der Nahtlinie nähen. Raffen, bis die Länge der Passe erreicht ist. Tasche oben und seitlich an den Kanten des Vorderteils innerhalb der Nahtzugabe fixieren.

7 Die Passe am Vorderteil r-a-r feststecken. Dabei erst nur bis zur Spitze des Vs stecken und nähen. Das Rockteil am V bis knapp vor die Naht einschneiden – Rafffaden nicht durchschneiden.

8 Nun die restliche Strecke stecken und nähen. Nahtzugabe versäubern, in die Passe legen, den Rafffaden ziehen, falls er von rechts sichtbar ist. Die Naht knappkantig absteppen.

9 Vorderteil-Bund an die Passe nähen.

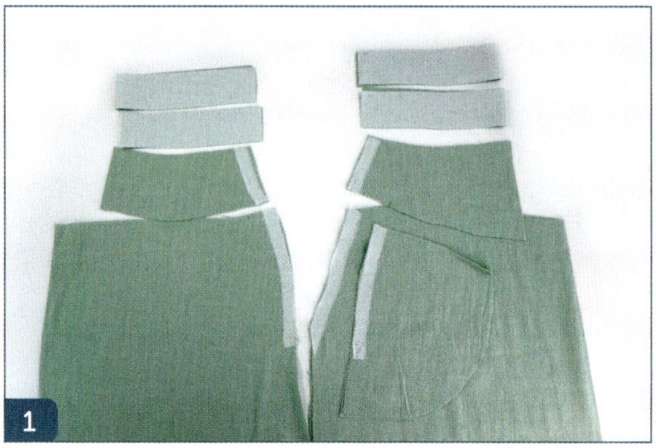

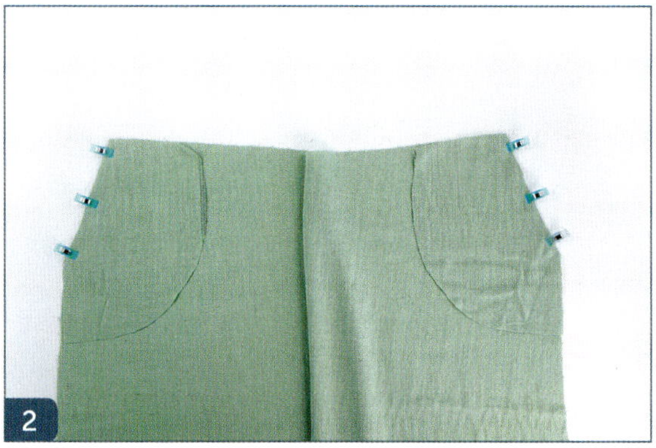

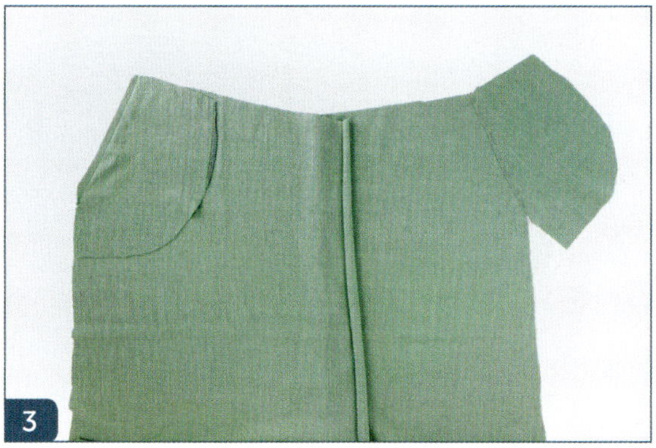

10 Rückteil-Bund an die Passe für das Rückteil nähen.

11 Auch am Rock-Rückteil einen Raffungsfaden zwischen den Knipsen einnähen. Das Rückteil auf die Länge der Rückteil-Passe raffen.

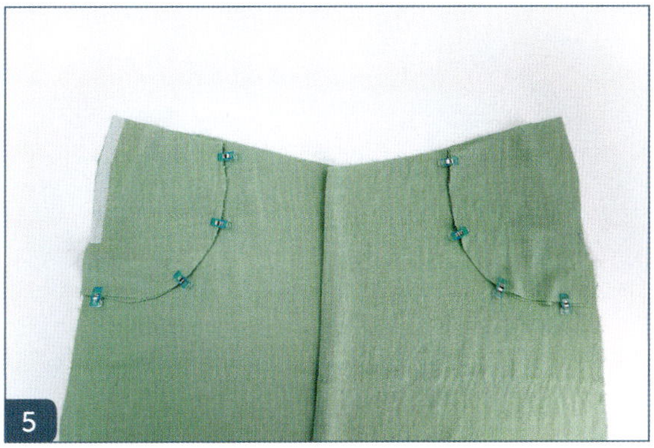
5

6

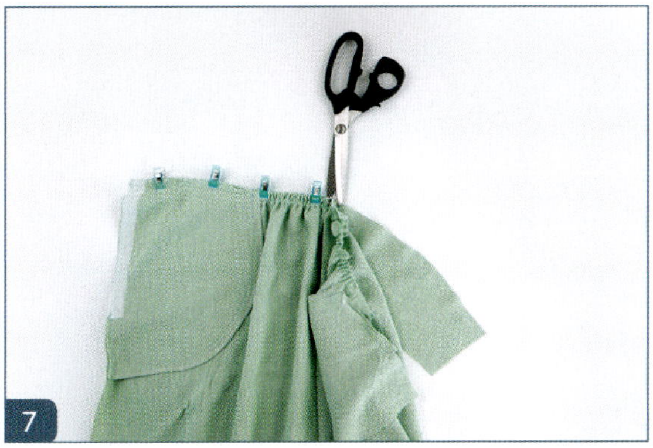
7

8

9

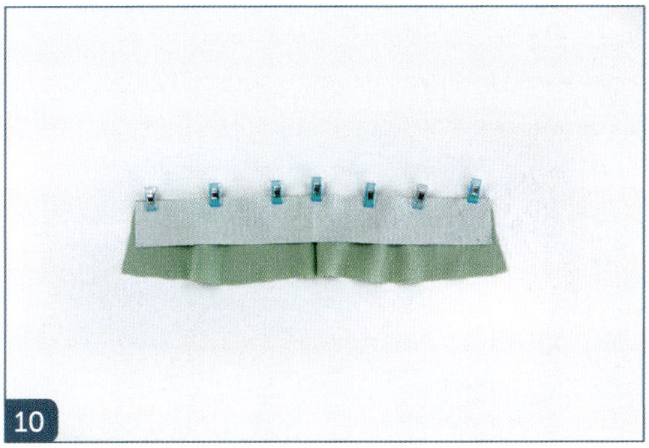
10

12 Dann beide Teile r-a-r aneinandernähen und versäubern. Die Nahtzugabe nach oben Richtung Passe legen und von der rechten Seite knappkantig absteppen.

13 Seitennähte versäubern. Diese werden jetzt r-a-r geschlossen, dabei wird aber an der linken Seite (aus Sicht beim Tragen) ein Stück für den Reißverschluss offen gelassen, das etwas länger als der Reißverschluss ist. Nahtzugabe auf der Seite ohne Reißverschluss zum Rückteil bügeln. Auf der Seite mit Reißverschluss auseinanderbügeln.

14 Reißverschluss einnähen (nach Möglichkeit einen Nähfuß für nahtverdeckte Reißverschlüsse benutzen): Der Reißverschluss wird r-a-r an das Vorderteil gesteckt. Er

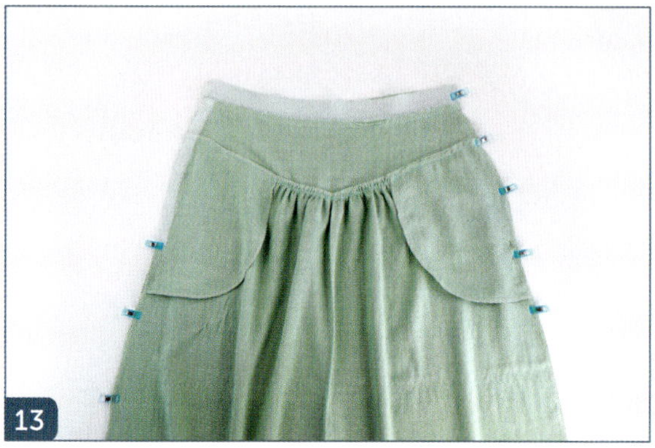

beginnt mit dem ersten Zähnchen 1 cm unterhalb der Bundkante. Der Reißverschluss sollte so gesteckt werden, dass die Nahtzugabe von 1 cm beim Annähen eingehalten wird. Die Naht sollte möglichst knapp neben den Zähnchen liegen.

15 Nach dem Annähen den Reißverschluss schließen und auf der noch nicht festgenähten Seite am Trägerband markieren, auf welcher Höhe die Teilungsnähte liegen.

16 Reißverschluss wieder öffnen und r-a-r auf das hintere Rockteil stecken. Dabei treffen die eben gemachten Markierungen auf die Nähte. Nähen.

Nun wird die Seitennaht (von unten beginnend) bis zum Endpunkt des Reißverschlusses geschlossen. Dabei sollte möglichst das Ende der Seitennaht exakt an die Reißverschlussnaht anschließen.

17 Die inneren Bundteile r-a-r stecken, aber nur die Seite schließen, an der später der Reißverschluss nicht ist. An der offenen Seite die Nahtzugabe von 1 cm wegschneiden.

18 Die untere Kante der inneren Bundteile 1 cm auf die linke Stoffseite bügeln.

Innenbund mit den kurzen Seiten r-a-r an den Außenbund stecken. Dabei liegt der Reißverschluss wie ein Sandwich zwischen den Stoffschichten. Beim Annähen etwas Abstand von der Reißverschlussraupe halten.

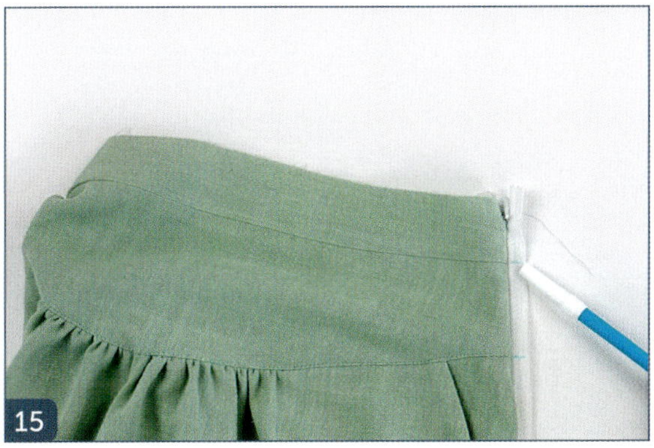
15

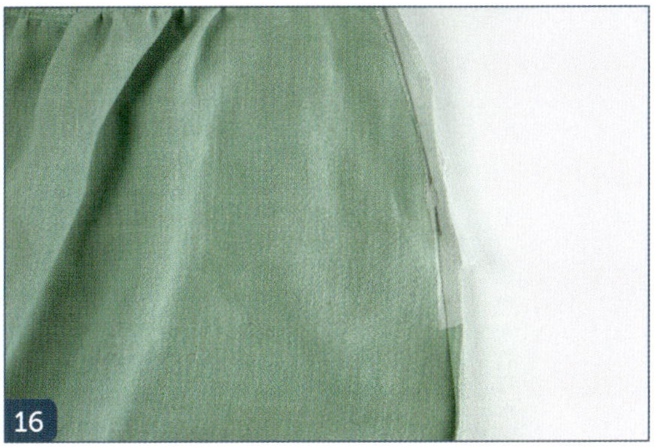
16

17

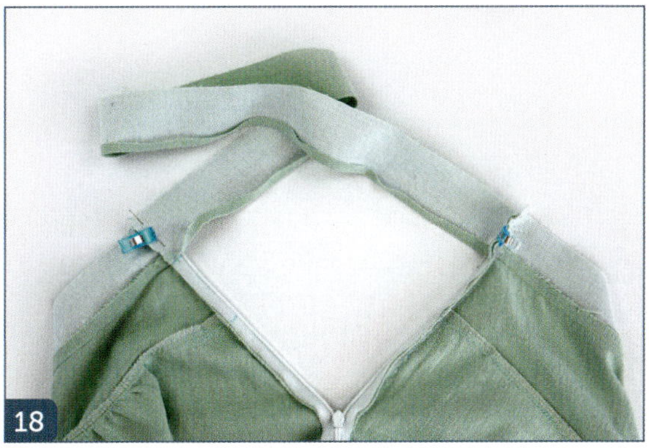
18

19

20

19 Nun die langen Kanten von Außen- und Innenbund r-a-r aneinandernähen. Vorsicht: die oberen Zähnchen des Reißverschlusses nicht einnähen.

20 Wenden und Ecken ausformen. Den Innenbund nun von der linken Seite rundherum am Außenbund feststecken. Dabei liegt die umgebügelte Kante des Innenbundes über der Naht und versteckt sie. Dies ist ein guter Zeitpunkt, ein Label mit in den Bund einzufassen, wenn gewünscht.

21 Von der rechten Seite den Bund knappkantig absteppen. Nun die untere Rockkante säumen.

VICTORIA

Haarband

Das Haarband Victoria ist ein tolles Projekt, um die Stoffreststücke des Nähprojektes in ein passendes Accessoire zu verwandeln. Das blattförmige Haarband macht sich toll um den Pferdeschwanz, aber auch um den Gurt der Handtasche, in der Gürtelschlaufe, um den Gürtel oder die Schnalle an der Latzhose.

Material

- **Stoff** 20 cm
- **Bügeleinlage (optional)** 20 cm

TIPP: Je nachdem, welcher Stoff verwendet wird und wie das Haarband sein soll, kann Bügeleinlage Sinn machen. Mit dünner Bügeleinlage (z. B. Vlieseline® H 180) können dünne Stoffe, wie Viskose oder Seide, etwas mehr Stand bekommen. Denkbar ist auch ein leichtes Volumenvlies (z. B. Vlieseline® H 630) im Bereich des Blattes. So würde eine eingenähte Blattstruktur besser zur Geltung kommen. Bei dickeren Stoffen ist keine Bügeleinlage nötig.

Zuschnitt

- p: Schnittteil 2x im Bruch
- ggf. Bügeleinlage

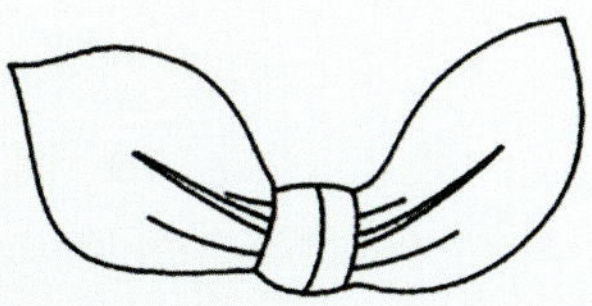

Mögliche Hacks: Um die Blattstruktur zu verstärken, können die Blattadern mit der Nähmaschine genäht werden. Möglich ist ebenfalls, die Blätter kleiner oder größer zuzuschneiden.

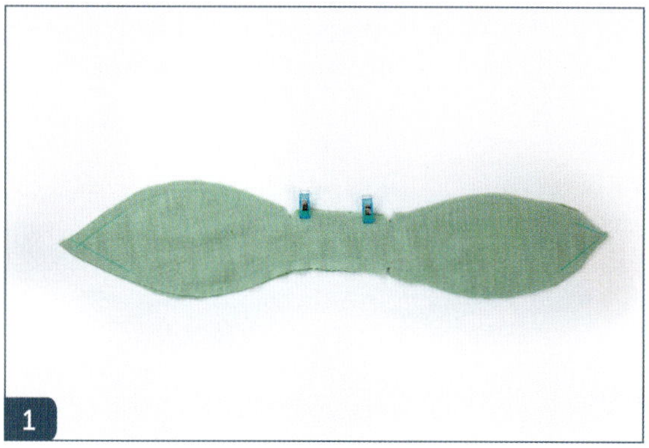

1

2

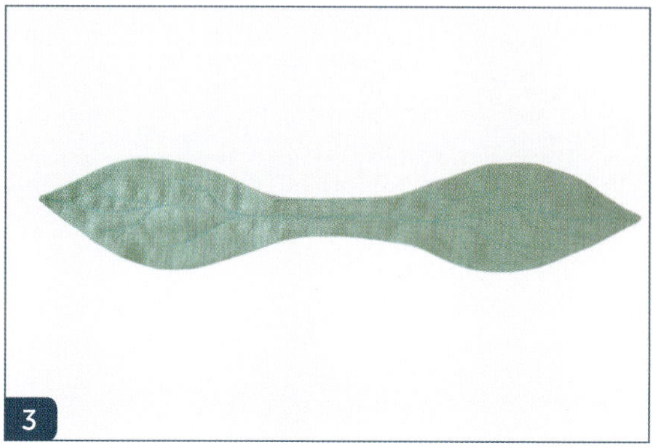

3

4

Nähen

1 Schnittteile r-a-r aufeinanderstecken. In der Mitte des Steges eine Wendeöffnung bestimmen und vom Anfang der Öffnung bis zu ihrem Ende rundherum nähen. Die Nahtzugabe an den Blattspitzen zurückschneiden. An den Übergängen vom Blatt zum Steg v-förmige Keile aus der Nahtzugabe schneiden. Bei dickeren Stoffen an den Rundungen die Nahtzugaben im Abstand von 1 cm einschneiden.

2 Wenden, Spitzen und Rundungen ausformen, an der Wendeöffnung die Nahtzugaben nach innen legen. Ausbügeln.

3 Die Wendeöffnung schließen, indem knapp an der Kante entlang abgesteppt wird.

Nach Wunsch kann nun noch eine Blattstruktur auf die Blätter genäht werden. Dazu wird der Geradstich genutzt.

4 Getragen wird Victoria, indem es angeknotet wird.

HAZEL

Weste

Hazel ist eine taillierte Weste, die in kurzer oder längerer Version genäht werden kann. In kurzer Version endet sie in der Taille und passt dadurch toll zu Ivy und Rose. Die Weste kann einlagig oder doppellagig genäht werden.

Material

- **Stoff** pro Stofflage 60 cm
- **Schrägband** 5 m (für eingefasste Version)

Zuschnitt

- **Ohne Futter** (nur die Seiten- und Schulterkanten mit Nahtzugabe versehen!)
- w: Vorderteil, 1 gegengleiches Paar
- x: Rückenteil, 1x im Bruch
- y: Bindeband, 2x ohne Nahtzugabe
- **Mit Futter** (rundherum 1 cm Nahtzugabe)
- w: Vorderteil Außenstoff, 1 gegengleiches Paar
- w: Vorderteil Innenstoff, 1 gegengleiches Paar
- x: Rückenteil Außenstoff, 1x im Bruch
- x: Rückenteil Innenstoff, 1x im Bruch
- y: Bindeband, 2x ohne Nahtzugabe

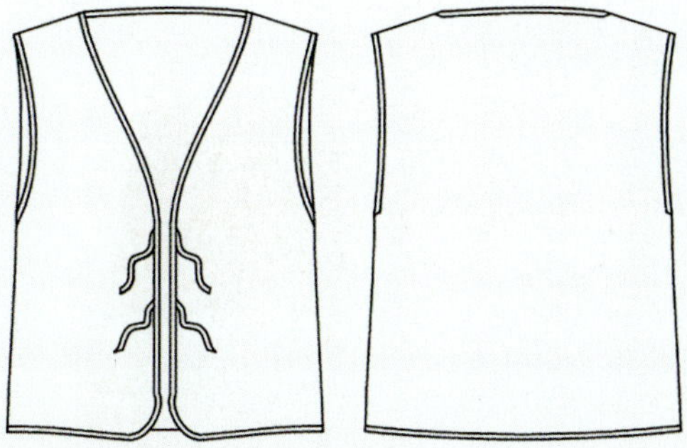

Mögliche Hacks: Hazel ist perfekt dafür geeignet, eine Lage in Patchwork zu gestalten. Im Internet finden sich viele kostenlose Anleitungen für Patchworkblöcke, die aus der Weste ein absolutes Highlight machen.

1a

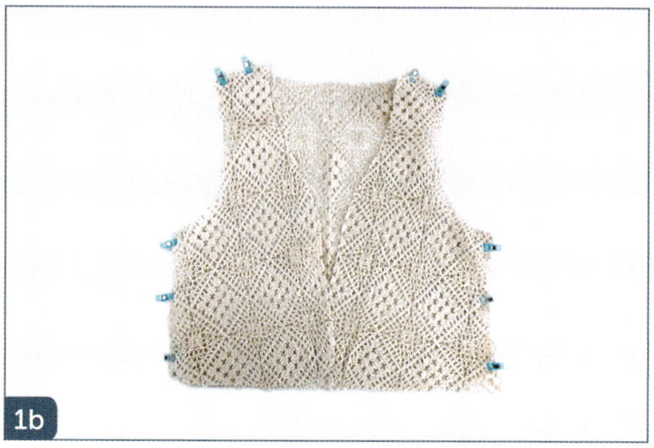

1b

Nähen

Mit Schrägband eingefasste Version (einlagig oder doppellagig)

2

1 Seitennähte und Schulternähte schließen und versäubern (nach Wunsch mit Schrägband einfassen). Falls mit zwei Stofflagen genäht wird, gilt dies auch für den zweiten Stoff.

2 Beide Stofflagen links auf links aufeinanderstecken und rundum heften.

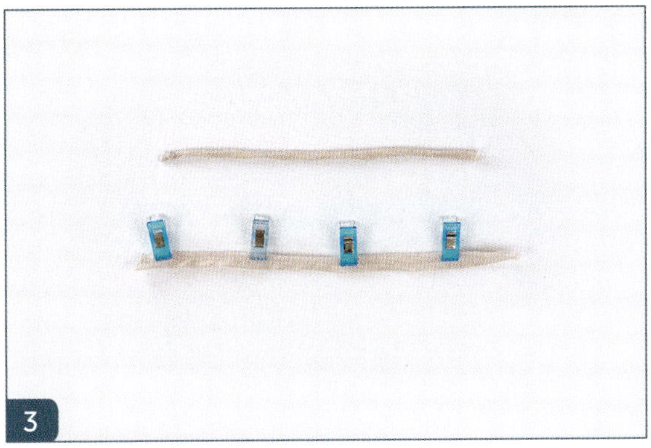

3 Bindebänder an den langen Kanten r-a-r falten und knappkantig nähen. Wenden. Je eine kurze Kante verknoten.

4 Schrägband rechts auf links an die äußere Kante stecken. Am Anfang ca. 5 cm unangenäht überstehen lassen. Das Schrägband die ganze Strecke rundherum annähen.

5 Am Ende angekommen wieder 5 cm überstehen lassen – also noch nicht bis zum Nahtbeginn nähen, sondern eine Lücke lassen, in der sich die beiden überstehenden Band-Partien überschneiden. Mit einem Knips die Stelle markieren, an der beide Bänder sich überschneiden. An diesem Knips die Bänder r-a-r aneinandernähen. Überstehende Nahtzugabe einkürzen. Nun hat das Band die perfekte Länge und kann weiter angenäht werden.

6 Die Nahtzugabe an den Rundungen alle 2 cm bis kurz vor die Naht einschneiden. Bindebänder laut Schnittmarkierungen feststecken.

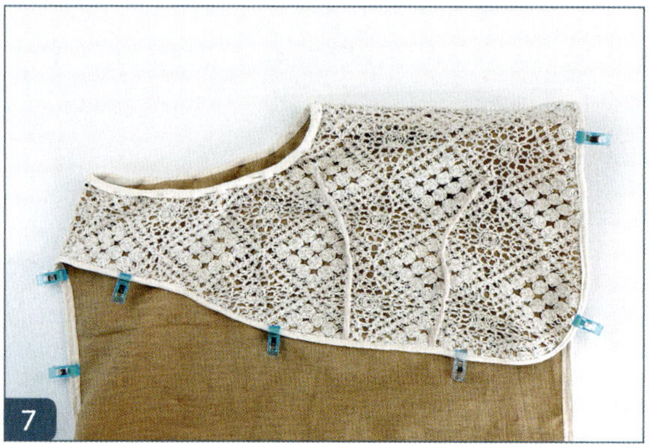

7

8b

8a

9

7 Das Schrägband umlegen und feststeppen, dabei die Bindebänder mitfassen. Auf die gleiche Weise werden die Armausschnitte eingefasst.

Mit Futter (verstürzte Version):

8 Jeweils bei Außenstoff und Innenstoff die Seitennähte schließen – bei einer der Seitennähte vom Innenstoff eine Wendeöffnung lassen. Nahtzugaben auseinanderbügeln.

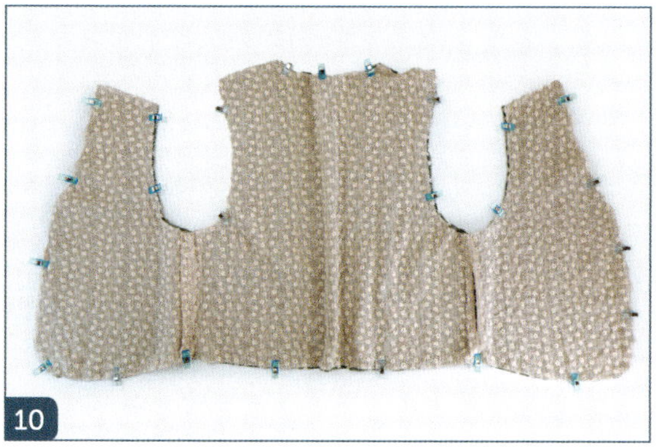

10

9 Bindebänder platzieren und innerhalb der Nahtzugabe fixieren.

10 Beide Westen r-a-r aufeinanderstecken und die äußere Kante sowie die Armlöcher nähen.

11 In den Rundungen die Nahtzugabe mehrfach einschneiden. Bei dicken Stoffen die Nahtzugabe trimmen. Weste wenden und ausformen. Die Schulternähte werden nun verstürzt.

12 Schultern verstürzen: Die Nahtzugabe der Schultern umlegen, sowohl beim Innenstoff als auch beim Außenstoff. Dadurch liegen an der Stelle die Stoffe rechts auf rechts. Dies mit einer Hand festhalten und mit der anderen Hand durch die Wendeöffnung greifen. Die Stelle festhalten und durch die Wendeöffnung ziehen. Die r-a-r liegenden Strecken werden jetzt aufeinandergenäht. Wenn die Naht geschlossen ist, kann der Stoff durch die Wendeöffnung wieder zurückgezogen werden.

13 Wendeöffnung schließen.

OPHELIA

Bluse & Kleid

Ophelia, ein Maxikleid wie ein Sommertraum. Ophelia ist sehr weit geschnitten, sodass sie aus zarten Stoffen schwingt und schwebt – zauberhaft. Mit großen, weiten Statement-Ärmeln, einem kleinen, unter der Brust endenden Oberteil, das mit Bindebändern am Ausschnitt geschlossen wird, und einem Stufenrock. Auch in Blusenlänge ist Ophelia einfach perfekt – besonders zur Jeans.

Material

- **Stoff**

Größe	34–38	40–46
Bluse	2,00 m	2,10 m
Kleid mit 1 Stufe	2,70 m	2,80 m
Kleid mit 2 Stufen	3,20 m	3,30 m

- **Gummiband**, 1 cm breit, Länge in doppelter Unterarmweite + Nahtzugabe

OPHELIA Bluse

Zuschnitt

- r: Vorderteil, 2 gegengleiche Paare
- s: Vorderes Rockteil, 1x im Bruch (in Blusen-oder Kleidlänge)
- t: Rückenteil, 2x im Bruch
- u: Hinteres Rockteil, 1x im Bruch (in Blusen-oder Kleidlänge)
- v: Ärmel, 1 gegengleiches Paar
- y: Bindeband, 2x

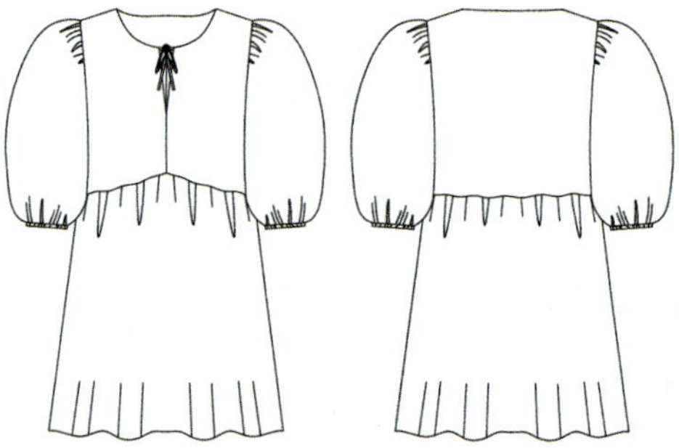

Mögliche Hacks: Die Stufen können weggelassen und stattdessen das Rockteil verlängert werden. So kann Ophelia auch gut eine Tunika oder ein kurzes Strandkleid werden. Möglich wäre auch, den Ausschnitt mit den Bindebändern auf den Rücken zu verlagern.

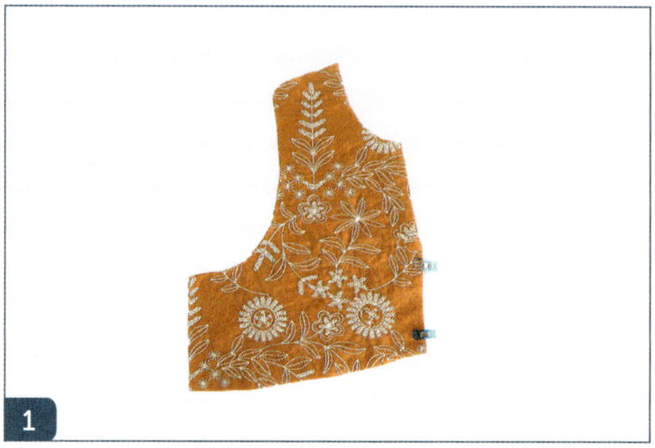

1

2

Nähen

1 Eines der oberen Vorderteil-Paare r-a-r legen und die vordere Mitte von der unteren Kante bis zum Knips schließen. Die Nahtzugabe am Knips bis kurz vor die Naht einschneiden. Nahtzugabe auseinanderbügeln.

2 Schulternähte und Seitennähte der oberen Vorderteile und einem Rückteil r-a-r schließen und auseinanderbügeln.

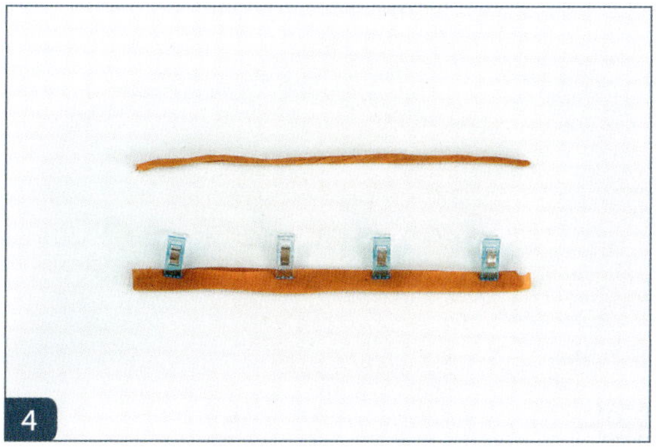

4

6

5

3 Schritte 1 und 2 für die Futterlage wiederholen.

4 Bindebänder an den langen Kanten r-a-r falten und knappkantig nähen. Wenden. Je eine kurze Kante verknoten.

5 Am Außenstoff-Oberteil die Bindebänder mit der offenen kurzen Kante von rechts am Ausschnitt fixieren, 1 cm unterhalb der Halsausschnittkante.

6 Oberteile aus Außen- und Innenstoff r-a-r aufeinanderlegen und am Ausschnitt stecken. Den Ausschnitt rundherum annähen – dabei an der hinteren Mitte beginnen. Aufpassen, dass die Bindebänder richtig liegen. An der Spitze des Ausschnittes die Naht auf den Endpunkt zulaufen lassen, dort angekommen die Nadel im Stoff stecken lassen, Fuß heben und das Oberteil drehen, um weiterzunähen. Der Endpunkt ist der Beginn der Naht der vorderen Mitte. Die Nahtzugabe v-förmig wegschneiden.

7 Die Nahtzugabe auf das Innenteil steppen. Beginn und Ende: 1 cm vor dem Ausschnittende, sowie 1 cm vor den Ecken.

8 Offene Kanten des Innen- und Außenstoffs aufeinanderheften. Das erleichtert die weitere Verarbeitung.

9

10

11

12

13

14

9 Ärmel nähen: Raffungsfaden zwischen die Markierungen nähen.

10 Ärmel rechts auf rechts falten, nähen und versäubern.

11 Den offenen Ärmelsaum versäubern: 2 cm nach innen schlagen und säumen, dabei eine Lücke lassen, durch die ein 1 cm breites Gummiband mit einer Sicherheitsnadel gefädelt wird. Die Länge eines Gummibandes vorher bestimmen, indem es um den Unterarm gelegt wird, plus Nahtzugabe. Gummibandenden miteinander vernähen und die zuvor gelassene Lücke im Saum schließen.

12 Ärmel gemäß der Markierungen r-a-r in das Armloch stecken. Mithilfe des Raffungsfadens den Ärmel raffen, bis er perfekt in das Armloch passt, und die Raffung gleichmäßig verteilen. Nähen und versäubern.

13 Vorderes und hinteres Rockteil an den Seitennähten r-a-r aufeinandernähen und versäubern. HINWEIS: bei der Kleidversion vorher die Taschen annähen.

14 Jeweils einen Raffungsfaden auf die obere Kante beider Rockteile nähen und raffen, bis sie an die unteren Kanten des Oberteils passen. Anschließend r-a-r annähen und versäubern. Bluse säumen.

Zuschnitt zusätzlich zur Bluse

- H2: Stufenrockteil 2, 2x im Bruch
- H3: Stufenrockteil 3, 2x im Bruch
- I: Taschenbeutel Nahttasche, 2 gegengleiche Paare

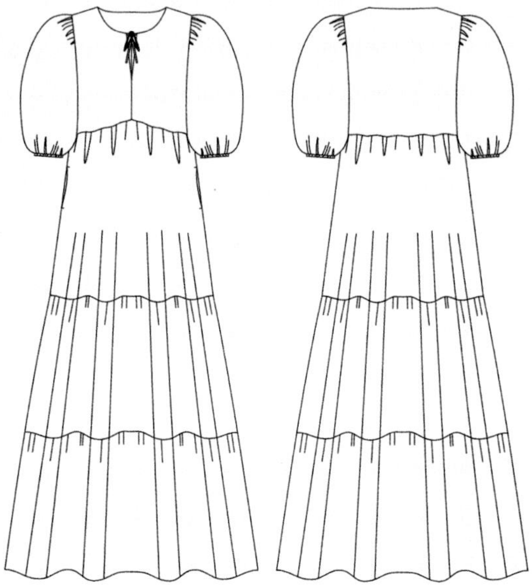

Nähen

1–14 Siehe OPHELIA Bluse

HINWEIS! Schrittfotos für die Rockstufen findest du beim ROSE Kleid.

15 Bei der Kleidversion können Nahttaschen eingenäht werden. Diese werden r-a-r an die markierten Positionen der Rockteile genäht, bevor die Seitennähte geschlossen werden.

16 Die vordere obere Stufe an die hintere obere Stufe stecken und die Seitennähte schließen. Versäubern.

17 Einen Raffungsfaden entlang der oberen Kante der vorderen Stufe und einen Raffungsfaden entlang der oberen Kante der hinteren Stufe aufnähen. Die Stufe r-a-r an die untere Kante des Oberteils stecken. Jeweils die Seitennähte und die Mitte der Schnittteile liegen aufeinander.

18 Die Stufe raffen, bis sie die Länge des Oberteils erreicht hat, die Fältchen gleichmäßig verteilen.

19 Die Stufe annähen und versäubern.

20 Für die untere Stufe ebenfalls wie eben beschrieben verfahren.

TIPP: Die Stufen lassen sich auch gut mit der Overlock, Differentialtransport auf 2, raffen. Das geht deutlich schneller. Die sicherere Methode ist allerdings die Version mit dem Faden.

21 Säumen: die untere Kante mit der Overlock versäubern. Die Kante in der Breite der Overlocknaht doppelt einschlagen und knappkantig absteppen.

AVA

Schürzenkleid

Schürzenkleid Ava ist der Inbegriff vom Cottage-Style. Ein Tag auf dem Land, im Garten, auf dem Markt – das ist Ava. Das Schürzenkleid hat eine Überlappung auf der Rückseite, die so weit übereinanderliegt, dass kein Rock oder Kleid unter Ava getragen werden muss – aber natürlich kann. Holt die Holz-Clogs raus und genießt diesen Schnitt – er ist ein Lebensgefühl.

Material

- **Stoff** für lange Länge: 2,20 m
- **Stoff** für kurze Länge: 1,80 m
- **Bügeleinlage** für Träger und Bundteile
- **Knöpfe** 2 Stück

Zuschnitt

- J: komplettes Rockteil, 1 gegengleiches Paar (= Rückenteile)
- J: Rockteil an der vorderen Mitte im Bruch, 1x (= Vorderteil)
- K: Vorderteil-Bund, 2x im Bruch
- L: Rückenteil-Bund, 4x
- M: Latz, 2x im Bruch
- N: Bindebänder, 2x
- O: Tasche, 2x
- P: Träger, 2x
- Bügeleinlage auf Träger und Bundteile aufbringen.

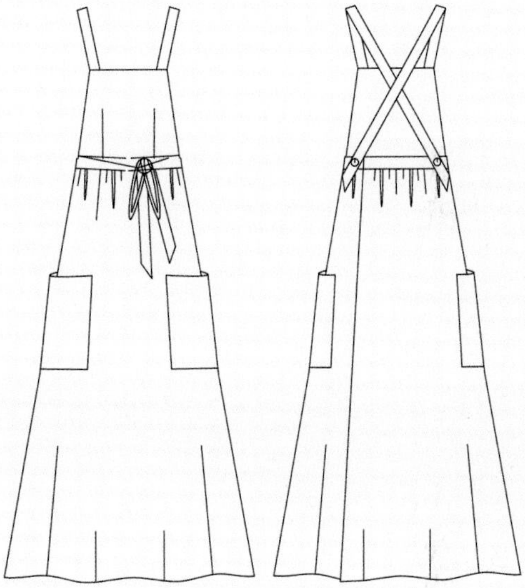

Mögliche Hacks: Wie wäre es, den Latz mit Latzhose Willow zu tauschen? So wird Ava gleich etwas legerer. Wenn die Bindebänder einfach doppelt so breit zugeschnitten werden, bekommt Ava plötzlich einen 50er-Jahre-Touch. Die aufgesetzten Taschen können auch von Willow geklaut werden. Ohne Latzteil wird Ava superschnell zum Wickelrock.

1

3

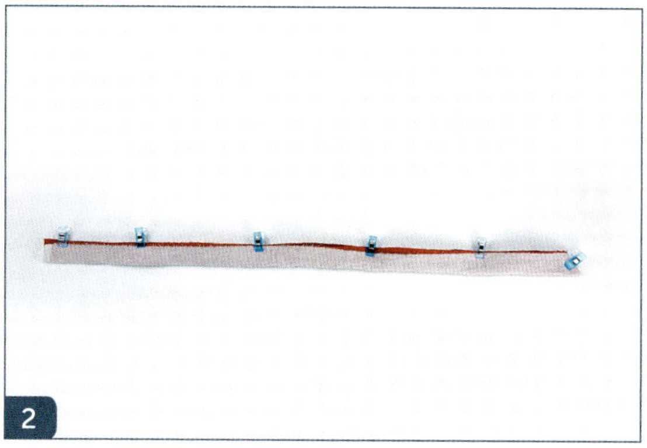

2

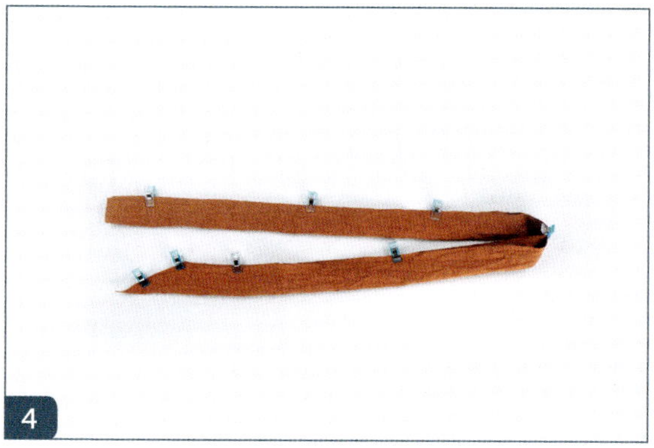

4

Nähen

1 Oberteil: bei beiden Latzteilen die Abnäher nähen.

TIPP: bei einer Lage den Abnäherinhalt nach außen bügeln, bei der anderen Lage nach innen bügeln. So liegen hinterher nicht zu viele Stoffschichten übereinander.

2 Träger in der Mitte rechts auf rechts falten und die offene lange Kante schließen, die kurzen Kanten aber offen lassen. Nahtzugabe zurückschneiden. Wenden, bügeln, nach Bedarf knappkantig absteppen.

3 Die Träger rechts auf rechts an das Latz-Oberteil stecken. Nun das Latz-Futterteil r-a-r auf das Latz-Oberteil stecken, die Träger liegen dazwischen. Obere und seitliche Nähte schließen. Nahtzugabe an den Ecken kürzen und Oberteil l-a-l wenden. Ausformen und bügeln. Nach Wunsch Nahtzugabe auf das Futterteil steppen. Untere Kante zusammenheften.

4 Bindebänder in der Mitte rechts auf rechts falten und die offene lange Kante schließen. Wenden, bügeln und absteppen.

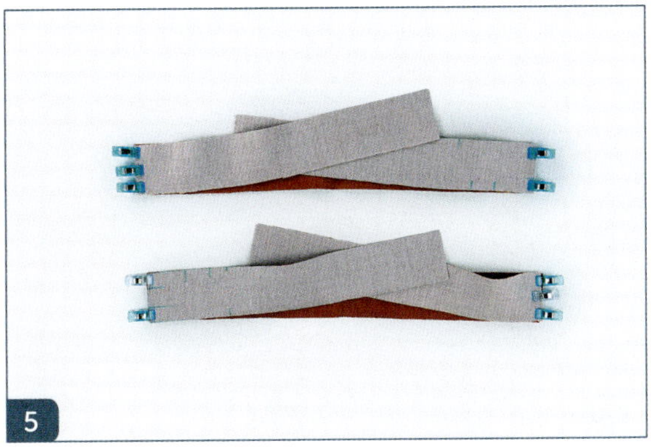

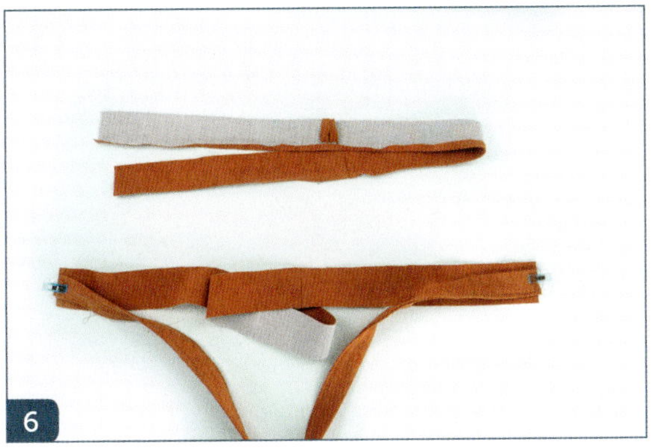

5 Je ein Bund-Vorderteil an beiden seitlichen Kanten mit einem Bund-Rückteil verbinden. Dabei den Bereich zwischen den Knipsen auf der linken Seite (wenn getragenen) nicht zusammennähen. Nahtzugaben auseinanderbügeln.

6 Bestimme einen der beiden nun entstandenen Bundteile als Innenbund und bügle die Nahtzugabe an der unteren Kante nach links um. Die Bindebänder r-a-r an die kurzen äußeren Kanten des Außenbundes stecken. Innerhalb der Nahtzugabe annähen.

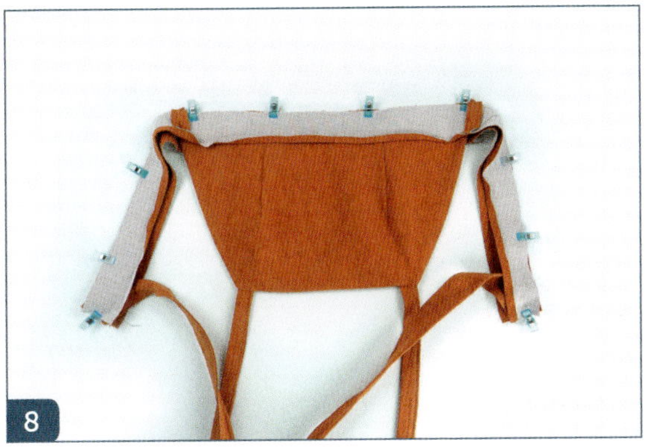

7 Äußeren Bund r-a-r an das Oberteil stecken, jeweils an der vorderen Mitte beginnend.

8 Den inneren Bund mit der rechten Seite auf die linke Seite des Oberteils stecken. Das Oberteil liegt nun zwischen den beiden Bundteilen. Wo die Bundteile über das Oberteil überstehen, werden die Bundteile r-a-r aufeinandergesteckt. Die ganze Strecke nähen. Nahtzugabe auseinanderbügeln. Die kurzen äußeren Kanten des Bundes r-a-r schließen, dabei werden die Bindebänder mitgefasst.

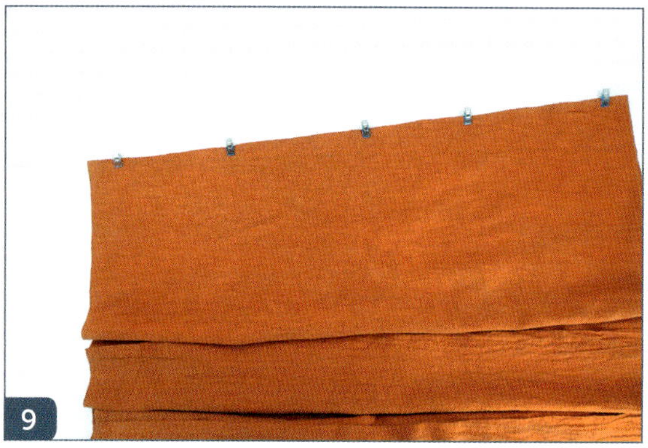

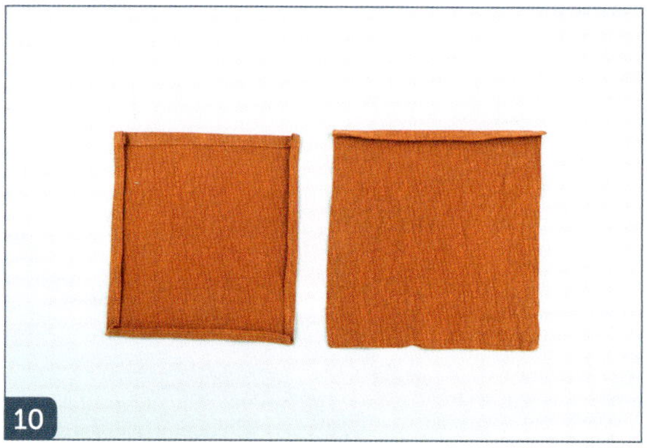

9 Rock: Seitennähte schließen und versäubern. Die Nahtzugabe zu den Rückteilen bügeln.

10 Tasche an der oberen Kante 0,5 cm umbügeln, dann erneut 1 cm umbügeln. Absteppen. Die übrigen Kanten versäubern und 1 cm nach links umbügeln.

11 Taschen auf die vorgegebene Platzierung am Rock stecken und annähen.

12 Am Rockteil die offenen Kanten seitlich und unten versäubern und säumen, idealerweise mit Briefecken.

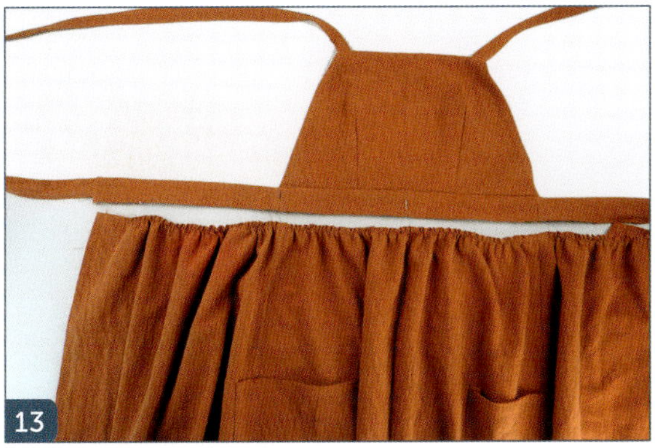

13

15

14

13 Am oberen Rockrand Raffungsfäden einziehen und die hinteren Rockteile auf die Länge des Rückteil-Bundes raffen sowie den vorderen Rockteil auf die Länge des Vorderteil-Bundes raffen.

14 Den Rock r-a-r an den Außenbund stecken und annähen.

15 Den Bund umschlagen und die umgebügelte Kante des Innenbundes über die Naht legen. Absteppen. Knöpfe platzieren und annähen. Knopflöcher in die Träger nähen.

OLKSWAGEN

WILLOW

Latzhose

Willow ist die Latzhose, die sogar die Leute mögen, die erklärte Latzhosen-Gegner sind. Versprochen. Willow ist lässig, locker und leicht. Mit gekrempelten Beinen wird sie auf ⅞-Länge getragen. Ihre großen, aufgesetzten Taschen unterstützen den lässigen Look. Diese Hose ist perfekt für den Tag mit den Kindern und mit Sneakern genauso gut für den Bummel in der Stadt.

Material

- **Stoff** für Größe 34–38: 1,80 m
- **Stoff** für Größe 40–46: 2 m
- **Bügeleinlage** für Träger, Formbesatz und Knopfverstärkung
- **Knöpfe** 2 Stück

Zuschnitt

- i: Vorderteil, 1 gegengleiches Paar
- j: Vorderteil Latz, 2x im Bruch
- k: Hinterhose, 1 gegengleiches Paar
- l: Hinterhose Latz, 2x im Bruch
- m: Träger, 2x
- n: Formbesatz, 1 gegengleiches Paar
- o: Tasche, 1 gegengleiches Paar
- Bügeleinlage auf Träger und Formbesatz aufbringen sowie je ein Stück (3 x 3 cm) dorthin, wo später die Knöpfe angebracht werden.

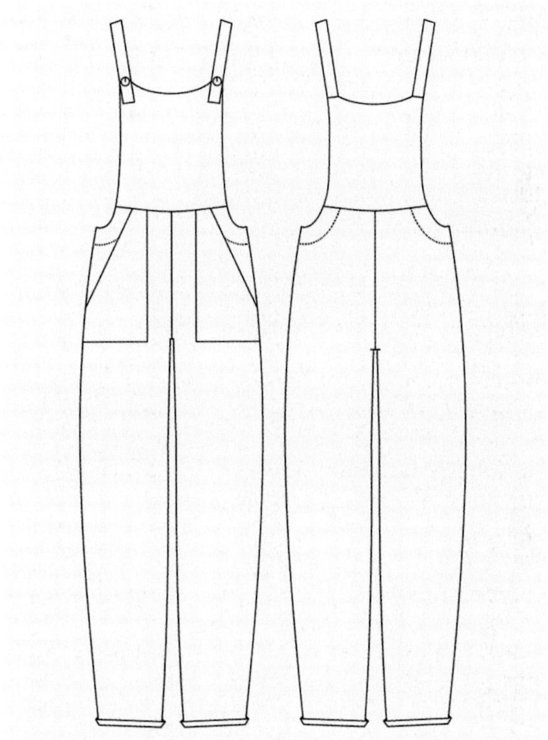

Mögliche Hacks: Willow mit kurzen Beinen in Shorts-Länge ist der perfekte Sommerbegleiter. Kein Fan von aufgesetzten Taschen? Die können einfach weggelassen oder mit den Taschen von Olivia nach innen verlegt werden.

1

3

2

4

Nähen

1 Taschen an der schrägen, langen seitlichen und unteren Kante versäubern. Schräge Kante 1 cm umbügeln und feststeppen. Die lange seitliche und die untere Kante ebenfalls 1 cm umbügeln.

2 Taschen an der Vorderhose platzieren, die obere und seitliche Kante enden mit der oberen und seitlichen Kante der Hose. Feststeppen.

3 Je ein Hinterhosen- und ein Vorderteil r-a-r aufeinanderstecken und an der äußeren und inneren Kante zusammennähen.

4 Eines der Beine auf rechts wenden, das andere auf links lassen. Nun beide Teile ineinanderstecken, damit sie r-a-r liegen. Die Schrittnaht stecken und nähen.

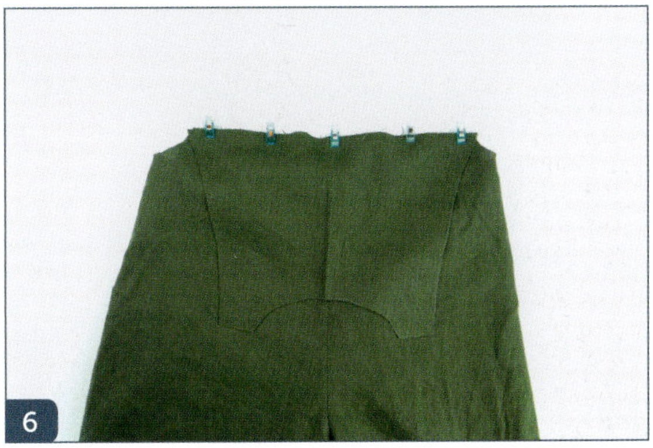

5 Vorderteil Latz r-a-r an die Vorderhose stecken und annähen. Nahtzugabe nach oben bügeln.

6 Hinterteil Latz r-a-r an die Hinterhose stecken und annähen. Nahtzugabe nach oben bügeln.

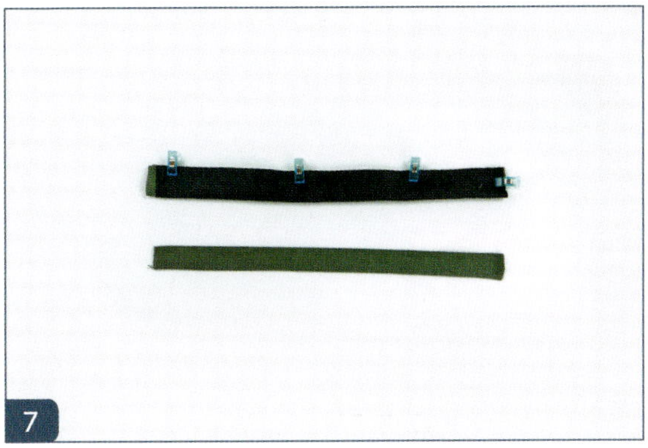

7 Träger in der Mitte rechts auf rechts aufeinander falten und die offene Kante schließen, eine kurze Kante aber offenlassen. Nahtzugabe zurückschneiden. Wenden, bügeln, nach Bedarf knappkantig absteppen.

8 Träger mit der offenen Kante r-a-r an den Hinterteil-Latz stecken und innerhalb der Nahtzugabe annähen.

9

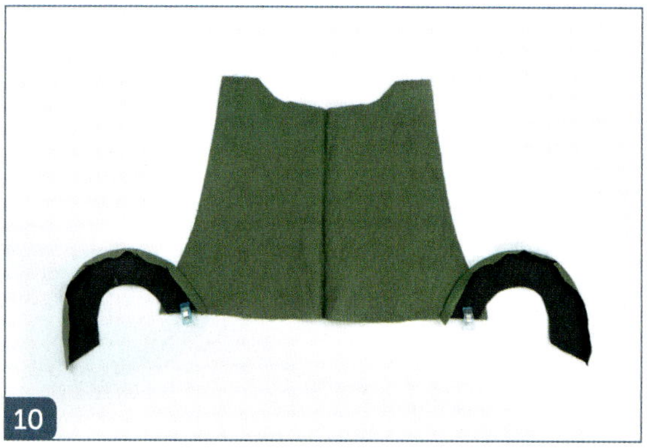

10

11

12

9 Die untere Kante des Formbesatzes nach links umbügeln.

10 Formbesatz r-a-r an den vorderen Futterlatz stecken und annähen.

11 Hinteren Futterlatz r-a-r an die Formbesatz-Teile stecken und annähen.

12 Die untere Kante der Futterlatzteile auf die linke Seite bügeln.

Futter r-a-r an die Latzhose stecken und rundherum annähen. Nahtzugabe in den Rundungen einschneiden und an den Ecken zurückschneiden. Wenden und Kanten ausformen.

15 Knöpfe an das Vorderteil nähen und Knopflöcher in die Träger nähen.

13 Die umgeschlagene Kante des Futters über die Nahtzugabe legen, stecken und von der rechten Seite absteppen. Damit ist das Futter fixiert.

14 Hosenbeine säumen.

FLORENCE

Kopfband

Florence ist ein Kopfband, das viele sicherlich als Bäuerinnentuch bezeichnen werden. Vom Haaransatz fällt es leicht über den Hinterkopf und wird im Nacken durch ein eingenähtes Gummiband gehalten. Ein tolles Projekt, um ein zum Outfit passendes Accessoire zu nähen, wie auch Haarband Victoria. Wird das Tuch gestaucht und nur vorne am Haaransatz getragen, bekommt es gleich einen ganz anderen Look.

Material

- **Stoff** 30 cm
- **Gummiband** ca. 15 x 3 cm

Zuschnitt

- q1: Einfassstreifen Gummi, 1 x
- q2: Haarband, 1x

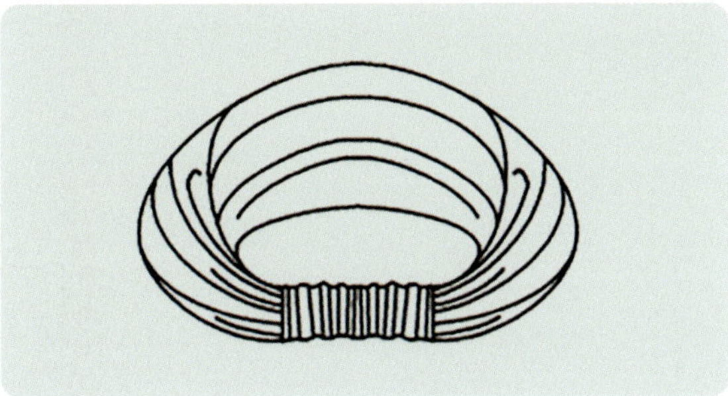

Möglicher Hack: Wird das Tuch nicht im Rechteck, sondern im Dreieck zugeschnitten, fällt es mit der Spitze über den Hinterkopf.

Nähen

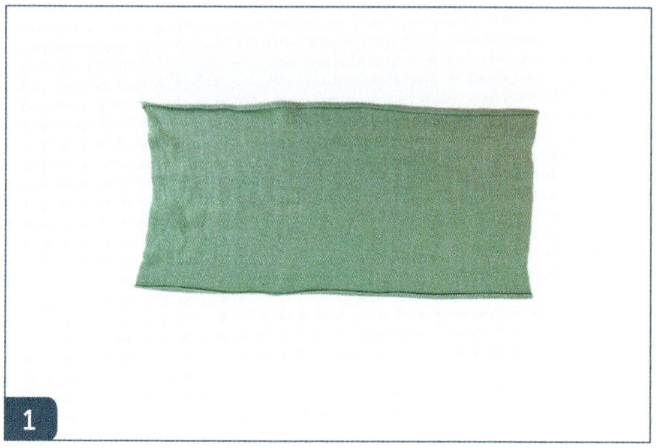

1

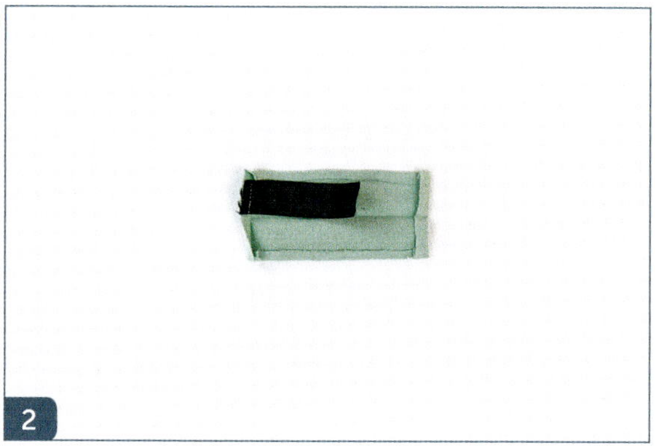

2

1 Beide langen Kanten des Tuchs zweimal 0,5 cm nach links umbügeln und absteppen.

2 Alle Kanten des Einfassstreifens 1 cm nach links bügeln. Das Gummiband auf der linken Stoffseite an einer kurzen Kante des Einfassstreifens bei aufgeklappter Nahtzugabe festnähen. Über dem Gummiband bleibt die Nahtzugabe des Einfassstreifens eingeschlagen. Das andere Ende des Gummibandes ebenso an die gegenüberliegende kurze Kante des Einfassstreifens nähen.

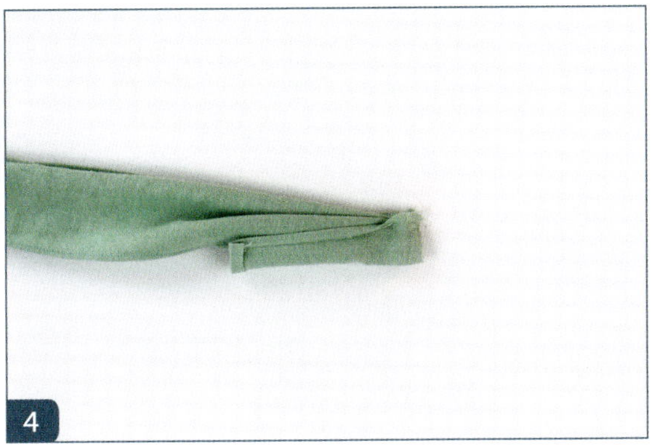

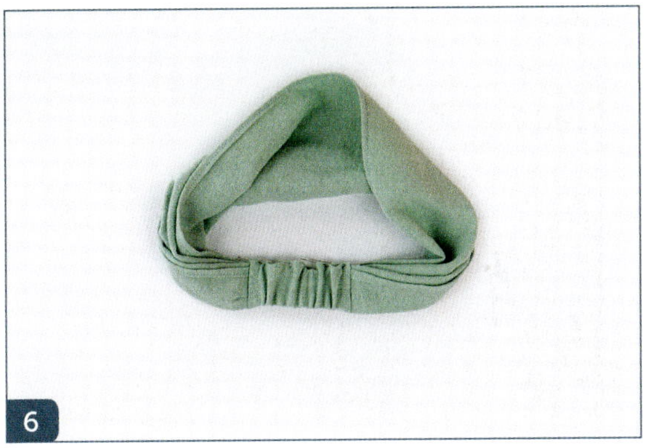

3 Die kurzen Kanten des Tuches ziehharmonikaförmig auf die Breite des Gummibandes zusammenfalten. Das zusammengefaltete Tuch r-a-r deckungsgleich mit dem Gummiband an den Einfassstreifen nähen.

4 Den Einfassstreifen r-a-r über das Tuch hinweg aufeinanderlegen und nochmal über die Kante mit dem Gummiband nähen. Dann, ab Gummiband, die lange Kante etwa 5 cm weit r-a-r schließen. Vorsicht: das dazwischenliegende Tuch nicht mit einnähen.

5 Für die andere Seite die Schritte 3 und 4 wiederholen. Das restliche Stück der langen Kante bleibt als Wendeöffnung offen.

6 Wendeöffnung schließen.

Unsere Probenäherinnen

Nadine, Jasmin, Antje, Lydia, Madalina, Désirée, Alice, Hannah, Kim, Kristina und Barbara haben unsere Schnitte vorab getestet und die Modelle aus ihren Lieblingsstoffen genäht.

Alice trägt ...

... Ivy

Alice Schneider

@_naehlieschen_

... Olivia

Antje Bodens

@leniundlivi

Antje trägt ...

... Ivy

... Willow

... Ophelia

Barbara Stühlinger

@barba_sew

Barbara trägt ...

... Ivy mit Rose-Ärmeln und gehacktem Ausschnitt

... Rose und Olivia

... Ivy mit Rose-Puffärmeln

Désirée Klimars

@nahtschattengewaechs

Désirée trägt ...

... Ophelia

Hannah Rösler

@nadelroeschen

Hannah trägt ...

... Ophelia

Jasmin Wille

@nahtherz

Kim Hardt

@kimdergwand

Jasmin trägt ...

... Ivy mit Rose-Puffärmeln

Kim trägt ...

... Rose mit Ivy-Kragen

Kristina Scheinost

@_carl_ina_

Kristina trägt ...

... Rose

... Ophelia

Lydia Arndt

@faden_frida

Lydia trägt ...

... Victoria

... Ophelia

... Rose

Madalina Jännert

@madalina.von.majaki

Madalina trägt ...

... Ava

... Ophelia

... Rose mit Eleanor

... Rose mit Hazel
und Eleanor

... Willow

Nadine Macheleidt-Pfeifer

@morgen.dann

Nadine trägt ...

... Willow

... Ophelia

... Victoria zu Ivy und Eleanor

... Rose

... Ivy

Dank

Ein riesiges Dankeschön geht an unsere Sponsoren, die uns das Material für die im Buch abgebildeten Modelle zur Verfügung gestellt haben.

Danke für die wunderschönen Stoffe, Hemmers Itex!

Danke für die dazu passenden Garne, Gütermann!

Danke für Knöpfe, Reißverschlüsse und Applikationen, Prym!

Danke an den Christophorus Verlag, der die Idee, ein Buch zum Thema Cottage-Style zu machen, sofort großartig fand und auf unsere ziemlich genauen Vorstellungen immer eingegangen ist.

Danke an unsere Probenäherinnen, die unsere Schnitte vorab getestet haben und von Anfang an so enthusiastisch an unserer Seite standen. Das hat uns so sehr bestärkt – ihr seid wundervoll.
Danke Nadine, Jasmin, Antje, Lydia, Madalina, Désirée, Alice, Jasmin, Hannah, Kim, Kristina und Barbara!

Danke an unsere Familien. Ihr seid alles für uns.

Impressum

Konzept, Texte, Anleitungen und Fotos Seite 9, 10, 15, 21, 23, 29, 37, 120/121: Veronique Rüssau
Schnittkonstruktion und Anleitungsfotos: Theresa Mayer
Modelfotos & Styling: Anne Schulz
Redaktion: Maria Möllenkamp
Projektmanagement & Lektorat: A. Reuß
Korrektorat: Mareike Weber
Umschlaggestaltung: Regina Degenkolbe
Satz: Silke Schüler
Repro: LUDWIG:media
Herstellung: Julia Hegele
Printed in Poland by CGS Printing

Unser komplettes Programm finden Sie unter

www.christophorus-verlag.de

★★★★★

Sind Sie mit diesem Titel zufrieden? Dann würden wir uns über Ihre Weiterempfehlung freuen. Erzählen Sie es im Freundeskreis, berichten Sie Ihrem Buchhändler oder bewerten Sie beim Onlinekauf. Und wenn Sie Kritik, Korrekturen oder Aktualisierungen haben, freuen wir uns über Ihre Nachricht an Christophorus Verlag, Postfach 40 02 09, D-80702 München oder per E-Mail an lektorat@verlagshaus.de.

In diesem Buch wird aus Gründen der besseren Lesbarkeit das generische Maskulinum verwendet. Weibliche und anderweitige Geschlechteridentitäten werden dabei ausdrücklich mitgemeint, soweit es für die Aussage erforderlich ist.

Die Deutsche Nationalbibliothek verzeichnet diese Publikation in der Deutschen Nationalbibliografie; detaillierte bibliografische Daten sind im Internet über http://dnb.d-nb.de abrufbar.

Herstellerverzeichnis
Gütermann GmbH, www.guetermann.com
Prym Consumer Europe GmbH, www.prym-consumer.com
Hemmers Itex, www.textilhemmers.de

ISBN: 978-3-8410-6765-4

Kreativ-Service

Sie haben Fragen zu unseren Büchern und Materialien? Wir beraten Sie gern rund um alle Kreativthemen. Rufen Sie uns einfach an. Wir interessieren uns auch für Ihre eigenen Ideen und Anregungen. Sie erreichen uns per E-Mail kreativ-service@c-verlag.de oder unter der Telefonnummer 0049-89-1306 99 577.

Besuchen Sie uns im Internet: www.christophorus-verlag.de & www.selbstgemacht.de

Ebenfalls erhältlich ...

ISBN 978-3-8410-6675-6

ISBN 978-3-8410-6579-7

ISBN 978-3-8410-6749-4

ISBN 978-3-8410-6689-3

www.christophorus-verlag.de